Desenvolvimento de pessoas

SÉRIE ADMINISTRAÇÃO E NEGÓCIOS

Lucia Maria Kops
Rosane Santos Ribeiro

Desenvolvimento de pessoas

EDITORA intersaberes

EDITORA intersaberes

Rua Clara Vendramin, 58 . Mossunguê
CEP 81200-170 . Curitiba . PR . Brasil
Fone: (41) 2106-4170
www.intersaberes.com
editora@editoraintersaberes.com.br

Conselho editorial	**Editora-chefe**
Dr. Ivo José Both (presidente)	Lindsay Azambuja
Drª. Elena Godoy	
Dr. Nelson Luís Dias	**Supervisora editorial**
Dr. Neri dos Santos	Ariadne Nunes Wenger
Dr. Ulf Gregor Baranow	
	Analista editorial
	Ariel Martins
	Projeto gráfico
	Raphael Bernadelli
	Capa
	Lado B (Marco Mazzarotto)
	Fotografias da Capa
	Nabeel Zytoon/PantherMedia

1ª edição, 2013.

Foi feito o depósito legal.

Informamos que é de inteira responsabilidade das autoras a emissão de conceitos.

Nenhuma parte desta publicação poderá ser reproduzida por qualquer meio ou forma sem a prévia autorização da Editora InterSaberes.

A violação dos direitos autorais é crime estabelecido na Lei n. 9.610/1998 e punido pelo art. 184 do Código Penal.

Dados Internacionais de Catalogação na Publicação (CIP)
(Câmara Brasileira do Livro, SP, Brasil)

Kops, Lucia Maria
   Desenvolvimento de pessoas/Lucia Maria Kops, Rosane Santos Ribeiro. Curitiba: InterSaberes, 2013.
(Série Administração e Negócios)

   Bibliografia.
   ISBN 978-85-8212-725-4

   1. Administração de pessoal I. Ribeiro, Rosane Santos. II. Título. III. Série.

12-14557   CDD-658.3

Índices para catálogo sistemático:
   1. Gestão de pessoas: Administração de empresas 658.3

Sumário

Apresentação, IX

(1) Tendências e práticas da gestão estratégica de T&DE, 13
    1.1   Desenvolvimento de pessoas e a gestão por competência, 16
    1.2   T&DE, gestão do conhecimento e aprendizagem organizacional, 21
    1.3   T&DE e a consultoria, 26

(2) Evolução dos paradigmas e conceitos de educação corporativa, 31
    2.1   Do treinamento à educação corporativa, 34
    2.2   Universidade corporativa, 42

(3) T&DE, gestão da qualidade
e os processos de certificação, 49
    3.1   T&DE para a gestão da qualidade, 52
    3.2   O processo de T&DE e a NBR ISO 10015, 57

(4) Diagnóstico das necessidades de T&DE, 61

(5) Metodologia para o levantamento
das necessidades de T&DE, 75
    5.1   Estratégias para o levantamento das necessidades de T&DE, 78
    5.2   Metodologia de pesquisa para a coleta de dados, 82

(6) Planejamento, execução e gestão
de programas de T&DE, 89
    6.1   Planejamento de T&DE, 92
    6.2   Transformando necessidades em programas e planos de T&DE, 95

(7) Avaliação e validação de T&DE:
uma perspectiva sistêmica, 103
    7.1   Avaliação sob uma perspectiva sistêmica, 106
    7.2   Modelos teóricos de avaliação de programas de T&DE, 108

(8) Métodos e técnicas andragógicas para o T&DE, 123
    8.1   Andragogia, 126
    8.2   Métodos e técnicas para intervenções educativas, 131
    8.3   Educação a distância, 136

(9) Modalidades de programas de T&DE, 141
    9.1   Programas de integração de novo funcionário, 144
    9.2   Programas de estagiários, *trainees* e aprendizes, 146
    9.3   Programas técnico-operacionais, 148
    9.4   Programas de desenvolvimento de equipes, 149
    9.5   Programas de desenvolvimento gerencial (DG), 150
    9.6   Projetos comunitários, 151

9.7 Programas de formação de instrutores, 153

9.8 Programas de desenvolvimento interpessoal, 155

(10) Liderança na gestão de T&DE, 159

10.1 Gestão de T&DE e cultura organizacional, 162

10.2 O gestor de T&DE e o exercício da liderança, 167

Referências, 173

Anexo, 177

Gabarito, 181

Apresentação

Esta obra tem como OBJETIVO GERAL identificar as práticas organizacionais que contribuem para a eficiência, eficácia e efetividade dos programas de treinamento, desenvolvimento e educação realizados nas empresas e nas organizações em geral.

No mercado de trabalho, cada vez mais, as empresas relacionam a qualificação de seus integrantes com os índices de qualidade e de produtividade, por isso, diz-se que a contratação de mão de obra foi substituída pela contratação de "cérebros", ou seja, de profissionais que sejam capazes de solucionar problemas, de contribuir com novas ideias para a melhoria dos processos produtivos e para a inovação de produtos e serviços. Para tanto, no terceiro milênio, o treinamento e desenvolvimento (T&D) passou a ser concebido de uma maneira mais ampla, incorporando os conceitos da educação, de acordo com os quais os indivíduos são vistos como seres que pensam, sentem e agem de modo indissociável. Por isso, são adotadas, aqui, as expressões *educação corporativa*; *treinamento, desenvolvimento e educação* (T&DE) e *intervenções educativas*, no que se refere à capacitação dos trabalhadores.

Ao longo deste texto, iremos propor alguns desafios a fim de ajudá-lo, leitor, a construir uma caminhada própria rumo ao desenvolvimento de conhecimentos, habilidades e competências necessárias para uma atuação eficaz como administrador. Para tanto, incluimos, aqui, um roteiro de estudos, cujo objetivo é possibilitar suporte teórico e prático.

O Capítulo 1 consiste em uma discussão sobre as tendências e as práticas da gestão estratégica de T&DE.

O Capítulo 2, por sua vez, apresenta a evolução dos paradigmas e os principais conceitos do T&DE no mundo corporativo, fazendo uma retrospectiva desde o início do século XX até a realidade das universidades corporativas.

O Capítulo 3 faz uma análise das práticas de T&DE no contexto da gestão da qualidade e dos processos de certificação.

Os Capítulos 4 e 5 são dedicados ao diagnóstico das necessidades de desenvolvimento de competências.

O Capítulo 6 aborda o planejamento, implementação e gestão de processos e programas de T&DE.

O Capítulo 7 estuda alguns modelos de avaliação dos resultados das intervenções de T&DE; sendo que, nos Capítulos 8, 9 e 10 são analisados os métodos e as técnicas andragógicas utilizadas para o desenvolvimento das pessoas, bem como as diferentes modalidades de programas de T&DE. E, por último, propomos uma discussão sobre a liderança na gestão do T&DE.

Lucia Maria Kops
Rosane Santos Ribeiro

(1)

Tendências e práticas da
gestão estratégica de T&DE

Lucia Maria Kops é bacharel em Administração pela Pontifícia Universidade Católica do Rio Grande do Sul (PUCRS), mestre em Administração, com área de concentração em Recursos Humanos, pela Universidade Federal do Rio Grande do Sul (UFRGS) e doutoranda do curso de Direção de Empresas para o Mercado Global pela Universidade de Leon, na Espanha.

Lucia Maria Kops

Atualmente, os desafios do mundo dos negócios e da Era do Conhecimento têm levado as empresas a repensarem as suas políticas e práticas, especialmente no que diz respeito à GESTÃO DE PESSOAS. Há, ainda, a preocupação com o desenvolvimento das potencialidades humanas, culminando com investimentos permanentes em programas de treinamento, desenvolvimento e educação, os quais passaram a ser concebidos como meios para melhorar a qualidade e a produtividade dos processos, produtos e serviços dessas empresas, e também como estratégias empresariais para garantir a competitividade.

Os temas que abordaremos neste capítulo inserem-se nesse contexto como um convite à reflexão sobre as tendências da gestão estratégica do treinamento, desenvolvimento e educação (T&DE). De maneira mais específica, esse estudo concentra-se nas políticas e práticas de T&DE no contexto da gestão do conhecimento, da aprendizagem organizacional e da gestão de pessoas por competência.

Além disso, nessa parte do estudo veremos que, na concepção contemporânea de gestão de pessoas, os responsáveis pelo T&DE têm assumido o papel de consultores internos nas organizações.

(1.1)
Desenvolvimento de pessoas e a gestão por competência

Os teóricos contemporâneos têm colocado algumas metodologias à nossa disposição, entre as quais destacam-se as chamadas *universidade corporativa, aprendizagem organizacional, gestão por competência* e *gestão do conhecimento*. Essas metodologias atuam de forma complementar e alinhada com as estratégias e as políticas maiores da organização empresarial. Sabemos que existem casos de sucesso, entre empresas brasileiras, nas quais foram implantadas essas novas concepções metodológicas.

Quando se trata de gestão de pessoas, podemos afirmar que um dos principais fatores determinantes do sucesso das organizações centra-se na maneira de captar e gerenciar o capital humano. Organizações do mundo inteiro procuram por pessoas preparadas para ocupar cargos de responsabilidade. Segundo Gubman (1999), muitos executivos têm "perdido o sono" por não saberem o que fazer para atrair e/ou manter pessoas talentosas em suas empresas.

Essa situação traz um alerta às organizações, aos executivos e aos gestores de pessoas, sobre a necessidade de encontrarmos novas tecnologias, metodologias e novos modelos de gestão para suprir, com maior rapidez e eficácia, a escassez de talentos e a falta de qualificação profissional, a fim de atender à demanda intensa de negócios, em âmbito nacional e internacional.

O problema é que bons benefícios e salários atraentes já não bastam, pois o que realmente faz com que as pessoas se mantenham nas empresas são as oportunidades e as condições de qualificação e de crescimento oferecidas por elas.

Essa situação é confirmada por Chiavenato (2004, p. 322) quando diz:

> *empresas investem tempo, dinheiro e cérebros em estratégias para a atração e a retenção desses talentos e, paralelamente, o desenvolvimento desses colaboradores, que, cientes do valor que possuem, não abrem mão de ampliar seus conhecimentos e, consequentemente, de sua empregabilidade.*

Fica, portanto, caracterizado que o DESENVOLVIMENTO DE PESSOAS é uma questão estratégica, além de ser uma contribuição social.

Nesse contexto, surge uma nova metodologia: a gestão por competência, que consiste em uma abordagem gerencial focada em competências e resultados, com uma abrangência maior e mais sistêmica em termos de atendimento das expectativas das pessoas e da organização.

MAS EM QUE A GESTÃO POR COMPETÊNCIA DIFERE DA GESTÃO TRADICIONAL?

A diferença está no fato de que, no modelo tradicional, havia uma grande preocupação com os conhecimentos e as habilidades que as pessoas deveriam ter para ocupar determinados cargos. Não significa que essa preocupação tenha desaparecido, mas que o foco, contemporaneamente, está na capacidade que o indivíduo possui para trazer resultados para a empresa com o trabalho desenvolvido.

A implantação desse novo conceito gerou uma série de mudanças relacionadas às práticas de gestão de pessoas e, especialmente, no que se refere ao T&DE, o qual passou a ter como enfoque o desenvolvimento de competências.

A GESTÃO DE PESSOAS POR COMPETÊNCIA, segundo Carbone et al. (2006, p. 49), "propõe-se a alinhar esforços para que as competências humanas possam gerar e sustentar as competências organizacionais necessárias à consecução dos objetivos estratégicos da organização".

Esses mesmos autores afirmam, ainda, que muitas empresas vêm adotando o modelo chamado *por competência* como um modelo de gestão para planejar, captar, desenvolver e avaliar as competências imprescindíveis ao alcance dos objetivos organizacionais, tanto no nível individual e grupal como no organizacional.

Ao comentar sobre esse assunto, Marcondes (2007) declarou que o cenário competitivo do mundo atual, mais especificamente a partir da década de 1980, levou as empresas a valorizarem o conhecimento e o desenvolvimento de novas competências como elementos fundamentais na gestão empresarial. O autor destacou a pesquisa realizada, em 1990, junto a organizações norte-americanas, a qual revelou que as competências pessoais são mais significativas para as empresas de padrão global: aprender a aprender; comunicação e colaboração; raciocínio criativo e resolução de problemas; conhecimento da tecnologia; conhecimento de negócios globais; desenvolvimento de liderança e autogerenciamento da carreira.

A implantação desse novo conceito gerou uma série de mudanças no que se refere às práticas de gestão de pessoas. Por isso, o enfoque atual do T&DE é o desenvolvimento de COMPETÊNCIAS. Como afirma Chiavenato (2004, p. 340), "o treinamento por competências se baseia em um prévio mapeamento das competências essenciais necessárias ao sucesso por áreas da organização e em competências individuais".

Isso significa que devemos, primeiramente, identificar quais são as competências essenciais para a organização, para, então, traduzi-las em competências individuais. É importante salientarmos que, para obtermos sucesso nesse processo, faz-se necessário o envolvimento da cúpula diretiva, da chefia e de funcionários. Por exemplo:

Suponhamos que uma cervejaria queira ser reconhecida pela capacidade de colocar uma cerveja "geladinha" à disposição de todos, em qualquer lugar do país e a qualquer hora. Para isso, são necessárias competências humanas relacionadas às questões de logística.

Antes de prosseguirmos, é necessário que tenhamos consciência de que, na gestão de pessoas por competências, trabalhamos com dois níveis de competências:

1. COMPETÊNCIAS CRÍTICAS DE NEGÓCIOS: correspondem à maneira pela qual a empresa quer ser reconhecida pela sociedade;
2. COMPETÊNCIAS HUMANAS: envolvem a capacidade dos indivíduos para aplicarem seus conhecimentos, habilidades e atitudes (CHA) e, com isso, trazerem resultados para a organização.

Cabe salientar que, após serem identificadas, as competências críticas da organização devem ser traduzidas em competências humanas, ou seja, devemos definir quais os conhecimentos, as habilidades e as atitudes que os indivíduos devem desenvolver.

Felippe (2006) afirma que, muitas vezes, as empresas realizam treinamentos e palestras sem obterem resultados, o que caracteriza esses eventos apenas como CUSTOS e não como INVESTIMENTOS. Para evitar essa situação, a autora propõe QUATRO ETAPAS para a identificação de competências:

3. identificar quais as estratégias da organização: missão, visão e metas;
4. identificar as competências essenciais ao negócio;
5. desdobrar essas competências nas áreas da organização;
6. desdobrá-las em competências grupais e individuais.

A empresa Embraer, na concepção de Seiffert (2005), é um bom exemplo a ser citado, pois as suas ações de T&DE buscam evidenciar as competências, focalizando tanto a qualificação técnica como o desenvolvimento (uma vez que houve o crescimento das necessidades da empresa).

Podemos afirmar que o sucesso na adoção de novos modelos de gestão está atrelado à capacidade da organização em escolher as estratégias e as políticas adequadas para o desenvolvimento das pessoas; de buscar o envolvimento e comprometimento de gestores dos diversos níveis, consultores, equipes e colaboradores, assumindo cada um o seu papel de maneira responsável.

(1.2)
T&DE, gestão do conhecimento e aprendizagem organizacional

Considerando que a educação tem sido adotada, pelas empresas contemporâneas, como uma estratégia de gestão empresarial, o conhecimento passou a representar um valor muito grande para as empresas e, por isso, passou a ser contabilizado como um ativo intangível; sendo assim, a necessidade de criar conhecimento levou a organização a perceber as pessoas talentosas como seu "capital intelectual".

Nesse contexto, a preocupação com o estabelecimento de metodologias que, além de propiciarem a geração de novos conhecimentos, ajudem a empresa a conseguir a manter para si esses conhecimentos e, ao mesmo tempo, disseminá-los entre todos os seus integrantes, surge como uma nova preocupação no mundo organizacional.

O que ocorre, muitas vezes, é que as empresas com modelos tradicionais de gerenciamento não conseguem estabelecer condições adequadas para a criação e a difusão do conhecimento e, até mesmo, perdem seus talentos (que são os verdadeiros criadores de conhecimento), que se afastam da empresa em busca de novas e melhores oportunidades de crescimento.

Serafim Filho (1999) garante que gerir conhecimento envolve um esforço sistemático da organização para criar, disseminar, manter e medir o conhecimento (aspectos que iremos detalhar na sequência).

- CRIAR CONHECIMENTO: implica transformar o conhecimento tácito em conhecimento explícito e transformar os conhecimentos individuais em conhecimentos coletivos, organizacionais.
- DISSEMINAR O CONHECIMENTO: significa desenvolver mecanismos e ferramentas para garantir que o conhecimento e as informações estejam ao alcance de todos. Cabe, aqui, a utilização da tecnologia da comunicação e da informação.
- MANTER O CONHECIMENTO: compreende a adoção de políticas voltadas para a retenção dos talentos humanos, desenvolvimento de bancos de dados etc.
- MEDIR O CONHECIMENTO: avaliar o conhecimento implica dar valor monetário ao ativo intangível da organização.

É importante salientar que a verdadeira gestão do conhecimento pressupõe uma série de medidas, entre elas, a capacitação de líderes, a revisão das políticas e a análise da cultura e do clima organizacional.

Nonaka e Takeuchi (1997) afirmam que a criação do conhecimento só ocorre no momento em que alteramos o conhecimento que existe na organização. Para esses autores, ele é criado por uma interação de duas dimensões de conhecimento: tácito e explícito (individual e coletivo), que interagem entre si e são complementares.

O CONHECIMENTO TÁCITO refere-se à experiência, ao poder de inovação e à habilidade dos empregados de uma determinada empresa para realizar as tarefas cotidianas. Sabe aquela tarefa que fazemos todos os dias, sem pensar a respeito? Quando brincamos dizendo que fazemos com o "piloto automático" ativado? E que na hora de explicar para alguém como se faz, faltam palavras? Esse é o conhecimento tácito.

O CONHECIMENTO EXPLÍCITO é a exteriorização do conhecimento tácito, que foi sistematizado e transformado em procedimentos, bancos de dados, normas etc. Ou seja, é um conhecimento que fica disponibilizado para o outro. Servem como um bom exemplo de conhecimentos explicitados as normas: elas são padronizadas e colocadas em quadros para que, dessa maneira, os colaboradores possam saber quais são os procedimentos que devem ser adotados na linha de produção.

Podemos observar, nessas dimensões, o fato de a criação do conhecimento ocorrer por meio da interação social, onde são utilizados quatro processos de conversão de conhecimento:

1. SOCIALIZAÇÃO (troca de experiência);
2. EXTERIORIZAÇÃO (articulação do conhecimento tácito em conceitos explícitos);
3. COMBINAÇÃO (processo de sistematização dos conceitos explícitos em novos conceitos explícitos);
4. INTERIORIZAÇÃO (absorção do conhecimento explícito em conhecimento tácito, aprendizado pela prática).

Sob essa perspectiva, Senge (1999) defende a ideia de que toda a empresa tradicional pode transformar-se em uma organização "que aprende", e, de certa forma, todas as empresas são organizações que aprendem. Nesse processo, ele propõe cinco disciplinas, conforme exposto no Quadro 1.1.

Quadro 1.1 – As cinco disciplinas de Peter Senge

Disciplinas	Definições
1. Domínio pessoal	Aprender a expandir as capacidades.
2. Modelos mentais	Refletir e esclarecer continuamente.
3. Visão compartilhada	Engajamento do grupo na criação e elaboração de princípios e diretrizes.
4. Aprendizado em equipes/grupos	Que desenvolvem inteligência e capacidades maiores.
5. Pensamento sistêmico	Concepção da organização como sistema aberto.

Fonte: Adaptado de Senge, 1999.

Tendo presente essas colocações e ao pretendermos estabelecer políticas de gestão estratégica de T&DE – em uma época de "economia de conhecimento" e de modernidade, dentro de um contexto de gestão e de criação do conhecimento e de disseminação da aprendizagem organizacional – devemos saber que o talento intelectual deve ser considerado o ponto central de diferenciação estratégica, no sentido de valorização de todas as potencialidades do ser humano, que não dever ser somente treinado como tarefeiro ou como uma máquina que exerce bem suas atividades programadas.

Sant'Anna, Moraes e Kilimnik (2005) citam o pensador francês Alain Touraine, para dar um melhor entendimento sobre a modernidade das organizações e da sociedade:

durante muito tempo a modernidade foi definida apenas pela eficácia da racionalidade instrumental, ignorando o sujeito humano como liberdade e como criação. Dessa redução [...] decorrem os fundamentos da crise cuja superação e – estabelecimento de uma nova modernidade – pressupõe o resgate de sua outra metade: o SUJEITO.

Em relação à modernidade organizacional, Kilimnik e Sant'Anna (2006) consideram como principal desafio a ser enfrentado pelas organizações no Brasil, tanto no âmbito interno como no macro-político-social, o de desenvolver novas políticas e práticas de gestão de pessoas. É desafiador porque, mesmo estando o país em processo de democratização, não podemos esquecer o forte legado de práticas tradicionais e autoritárias nas relações entre indivíduos e organizações.

Para atingir a modernidade na gestão de pessoas, é essencial o alinhamento das competências empresariais e humanas; o que pressupõe mudanças nas políticas e práticas de gestão de pessoas, além de uma mudança de mentalidade, envolvendo a reflexão profunda sobre os valores e a cultura organizacional.

A adoção de políticas, diretrizes e práticas de gestão estratégica de T&DE precisa ser iniciada com o envolvimento da alta direção da organização, bem como estar vinculada às estratégias organizacionais para a criação, a difusão e o armazenamento do conhecimento da empresa, os quais, uma vez explicitados, desencadearão os processos que levam à criação de ambientes favoráveis ao desenvolvimento das práticas desejadas, ou seja, à Gestão de Conhecimento e à Aprendizagem Organizacional, papel esse que caberá ao sistema gerencial, criando condições para que seja obtido o melhor resultado.

(1.3)
T&DE e a consultoria

Dentro de uma concepção contemporânea de gestão de pessoas, os responsáveis pelo T&DE na organização têm assumido o papel de consultores internos, fazendo com que os líderes das diferentes áreas da organização envolvam-se na execução dos projetos educativos. No entanto é usual que as organizações também contratem consultorias externas, buscando, no mercado, profissionais ou empresas especializadas para a prestação de serviços relacionados ao T&DE.

O termo *consultoria* recebeu definições sob diferentes óticas para explicar, em sua essência, uma relação de interação que envolve uma atividade de ajuda para a solução de um ou mais problemas.

E QUAL É A DEFINIÇÃO DE CONSULTORIA?

No Quadro 1.2, destacamos alguns conceitos de autores renomados, com o objetivo de demonstrar que o termo *consultoria* recebe definições diversas para explicar esse tipo de atividade.

Quadro 1.2 – Conceitos de consultoria

Autor	Conceito de consultoria
Caplan (1970, p. 19)	"um processo de interação entre dois profissionais: o consultor, que é um especialista, e o consultando, que solicita o auxílio do consultor em relação a um problema de trabalho do momento, com o qual ele enfrenta algumas dificuldades e o qual ele entende que pertença a outras áreas específicas do conhecimento."
Schein (1972, p. 8)	"um conjunto de atividades desenvolvidas pelo consultor, que ajudam o cliente a perceber, entender e agir sobre fatos inter-relacionados que ocorrem no seu ambiente."
Hesketh (1978, p. 557)	"uma relação voluntária entre as partes envolvidas no processo."
Bergan (1980, p. 4)	"um processo de solução de problemas."
Gonçalves (1991, p. 91)	"um processo de aprendizagem mútua de consultor e cliente, com base num ciclo constante de pesquisa-ação, isto é, ensaio-erro-acerto."

Fonte: Adaptado de Bitencourt, 2004, p. 148.

Block (1991, p. 149) traduz com mais precisão a relação do conceito com a prática, ressaltando: "o consultor é uma pessoa que, por sua habilidade, postura e posição, tem poder de influência sobre pessoas, grupos e organizações, mas não tem poder direto para produzir mudanças ou programas de implementação".

Nesse sentido, podemos dizer que a consultoria, tanto interna como a externa, é uma atividade orientada para dar suporte às atividades nos diferentes campos que envolvem mudança, conhecimento técnico, pesquisa e desenvolvimento.

O consultor interno, para Bitencourt (2004), é o funcionário de uma organização (especialista em um campo de conhecimento) que, tendo em vista seu conhecimento, habilidade, experiência, postura e posição, exerce influência sobre diferentes segmentos da organização (pessoas e grupos).

No entanto, é importante salientar que tanto o consultor externo quanto o interno não possuem poder decisório sobre seus clientes e nem sobre os projetos e sua implementação, porque a função, tanto do consultor como a do assessor, é a de contribuir para a tomada de decisões (que devem ser empreendidas por outros), fornecendo metodologias, informações de toda ordem etc. A decisão final, no sentido de mudar e/ou implantar algo sugerido pela consultoria, é da pessoa que tem esse poder no contexto organizacional. O papel da consultoria é de sugerir, acompanhar, alertar e ajudar na resolução de problemas, como foi salientado anteriormente, é uma atividade de suporte às atividades e às decisões organizacionais.

Cabe ressaltar, ainda, que a consultoria, tanto interna quanto externa, é sempre uma boa alternativa, principalmente, quando necessitamos modernizar a nossa metodologia de gestão e trabalhar as resistências internas. Em sua maioria, as sugestões dos consultores devem ser sempre coerentes com a realidade e o estágio de desenvolvimento da organização.

(.)

Ponto final

Neste capítulo, o intuito foi o de esclarecer o fato de que as políticas de gestão estratégica de T&DE só podem ter sucesso quando emanadas das políticas globais da organização. Essas políticas devem estar estabelecidas em paradigmas e concepções modernas de gestão organizacional que, quando aplicadas, favoreçam a gestão dos ativos intelectuais para alcançar o desenvolvimento global da organização.

Em termos de educação continuada estão, à nossa disposição, muitas metodologias e modelos, como a gestão por competência, a gestão do conhecimento e a aprendizagem organizacional. Elas não se restringem ao enunciado de políticas, diretrizes e práticas de gestão, mas envolvem compreensão, postura e entendimento dos processos de aprendizado individual e coletivo, sendo necessária, também, uma mudança de mentalidade e uma reflexão sobre os valores e a cultura da organização, para que seja possível desenvolver novas práticas de T&DE que venham ao encontro das estratégias empresariais.

O administrador, diante dos diversos tipos de metodologia, pode escolher (uma ou mais) aquelas que melhor se adequarem à realidade e ao estágio de desenvolvimento das pessoas e da organização. Para isso, pode sempre fazer uso tanto de consultorias internas como externas com profissionais especializados e preparados para ajudar e influenciar as pessoas a aceitarem as mudanças cabíveis para fazer frente aos desafios, que surgem no mundo organizacional onde vivem.

Indicação cultural

TERRA, J. C. C. *Gestão do conhecimento e e-learning na prática*. Rio de Janeiro: Elsevier, 2003.

Atividade

1. Avalie se as afirmativas a seguir são verdadeiras (V) ou falsas (F):

   ( ) Para Nonaka e Takeuchi (1997), a criação do conhecimento só ocorre no momento em que alteramos o conhecimento existente na organização.

   ( ) Para Chiavenato (2004), toda empresa tradicional pode se transformar em uma organização "que aprende", porque, de certa forma, todas as empresas são organizações que aprendem.

   ( ) Os indicadores de modernidade organizacional servem de base para o estabelecimento de uma excelente política de gestão estratégica de T&DE, uma vez que essas características não se limitam ao subsistema de gestão de pessoas, mas ao que, efetivamente, o T&DE estratégico se propõe a realizar.

   ( ) A consultoria, tanto interna quanto externa, é sempre uma boa alternativa, principalmente quando necessitamos modernizar a nossa metodologia de gestão e trabalhar as resistências internas.

   ( ) O sucesso na aplicação das políticas, diretrizes e práticas de gestão estratégica de T&DE não será comprometido caso não seja possível o envolvimento da alta direção.

   Assinale a alternativa que corresponde à sequência correta:
   a) V, V, V, V, F.
   b) V, V, V, V, V.
   c) V, V, V, F, V.
   d) V, V, F, V, V.

(2)

Evolução dos paradigmas
e conceitos de educação
corporativa

Rosane Santos Ribeiro é graduada em Pedagogia pela Universidade Federal do Rio Grande do Sul (UFRGS), especialista em Treinamento Empresarial e mestre em Administração, todos pela mesma instituição. Além disso, é autora de artigos e coautora de livros.

Rosane Santos Ribeiro

As formas de organização do trabalho têm passado por mudanças significativas a partir da segunda metade do século XX. No caso do Brasil, estas foram especialmente intensificadas, a partir dos anos da década de 1990, com a abertura das fronteiras econômicas para o mercado internacional. Esses acontecimentos representam um marco histórico, pois provocaram o aumento do nível de exigência em termos de qualificação profissional, até mesmo para as funções operacionais.

Neste capítulo, abordaremos a educação corporativa enquanto estratégia organizacional. Para isso, vamos convidá-lo para, inicialmente, fazer uma (re)visita ao início do século XX, visando uma melhor compreensão sobre a evolução da concepção de treinamento, desenvolvimento e educação (T&DE) no mundo organizacional.

(2.1)
Do treinamento à educação corporativa

Quando falamos em *educação corporativa*[a], a ideia é de que estamos nos referindo a um fenômeno contemporâneo. No entanto, a preocupação com a qualificação dos colaboradores existe desde os tempos da produção artesanal, quando o artesão treinava o aprendiz para assumir suas funções. Com o passar dos anos, o que ocorreu foi uma mudança – diretamente influenciada pelas alterações nos cenários sociais, políticos, econômicos e culturais – na concepção de treinamento, como podemos verificar ao observarmos a "linha de tempo", baseada na obra de Pilati (2006), descrita a seguir.

---

a. *Educação corporativa* é a terminologia usada para identificar as ações educativas que ocorrem no âmbito das organizações. Utiliza-se essa expressão no intuito de diferenciá-la de *educação escolar*, que se insere no sistema formal de ensino. Esse sistema define seus objetivos em função das demandas sociais, enquanto os objetivos da educação corporativa estão diretamente relacionados com as necessidades e objetivos organizacionais. Quanto a esta última, pensa-se na educação das pessoas visando à melhoria da qualidade e ao aumento da produtividade.

EM 1880 já existiam escolas, tanto públicas quanto particulares, dedicadas à capacitação profissional (sobretudo nos EUA e na Inglaterra), que tinham como objetivo capacitar os trabalhadores. Mas, somente a partir da DÉCADA DE 1930, o treinamento passou a ser visto como uma atividade administrativa. Com o advento da Administração Científica, de Frederick Taylor, o treinamento passou a ser estruturado de uma forma mais sistemática, focalizando basicamente o "saber fazer" (*know-how*) de acordo com o padrão e o tempo definidos pelo planejamento (adestramento de habilidades). Isso significa que a única coisa esperada das pessoas era que elas simplesmente reproduzissem o que lhes era solicitado, sem nada questionar ou alterar.

Nos anos de 1950 e 1960, foi dada ênfase tanto ao aprendizado técnico (cognição) como às questões relativas ao relacionamento interpessoal. Essa ênfase tem se fortalecido porque as pessoas precisam, cada vez mais, aprender a trabalhar em equipe. Já no período compreendido entre os anos de 1970 e 1990, o treinamento, como meio de aperfeiçoamento no mesmo cargo, passou a ser questionado, pois começou a haver necessidade de preparar as pessoas para assumirem novas tarefas, dando-lhes mais responsabilidades e poder. Surgiu, então, a concepção de treinamento e desenvolvimento de recursos humanos (T&D), visando à ampliação das potencialidades humanas. Nesse período, a relação entre o T&D e o sistema de promoção da empresa passou a ser fundamental.

A partir dos anos de 1990, período marcado pela abertura das fronteiras econômicas do Brasil para o mercado internacional (o chamado *processo de globalização*), as empresas nacionais passaram a concorrer diretamente com empresas de outros países. Essa situação, como já destacamos, teve repercussões que, entre outras, afetaram diretamente o trabalhador, pois as exigências em relação a sua qualificação/formação aumentaram muito, inclusive para aqueles que exercem funções meramente operacionais.

Desde então, as questões relacionadas ao T&DE passaram a integrar as estratégias empresariais, uma vez que as empresas conseguiram perceber que existe uma forte relação entre a qualificação dos seus colaboradores, a produtividade e a qualidade.

Como vimos, a partir da década de 1990, o T&D passou por uma transformação mais profunda, agregando conceitos da educação ao mundo dos negócios. Nessa nova concepção de capacitação, o trabalhador passou a ser visto como um sujeito biopsicossocial, político e econômico. Eboli (2006, p. 57) salienta que a "Educação é um tema que interessa a todos os setores da sociedade, inclusive o corporativo, e que está na agenda de todas as empresas empenhadas em aumentar a sua competitividade".

Por isso, adotamos a sigla T&DE para nos referirmos ao treinamento, desenvolvimento e educação das pessoas. Embora, em determinados momentos, também poderão ser denominados simplesmente de *educação corporativa*.

Para falarmos em T&DE, é importante sabermos da existência de uma grande diferença conceitual entre o treinamento tradicional e a visão contemporânea de educação corporativa, cujas características são descritas no Quadro 2.1.

Quadro 2.1 – Dimensões e objetivos do T&DE

T&DE	Objetivos/Abrangência
Treinamento	Desenvolvimento de competências e habilidades para um determinado cargo ou função.
Desenvolvimento	Desenvolvimento de competências e habilidades requeridas para cargos a serem ocupados.
Educação	Dimensão biopsicossocial. Prepara para a cidadania. Qualifica para o trabalho.

Na concepção atual de T&DE, os programas de capacitação focalizam o desenvolvimento integral do indivíduo, e, ao mesmo tempo, buscam resultados atrelados à missão, visão e objetivos organizacionais. Ou seja, os programas de T&DE devem responder simultaneamente às necessidades e às expectativas tanto dos indivíduos e dos grupos quanto da própria organização.

No contexto atual, a educação corporativa é vista como uma estratégia empresarial, o que é muito bem ilustrado por Meister, citado por Teixeira (2001), ao comparar o antigo paradigma de treinamento e o paradigma de aprendizagem no século XXI (Quadro 2.2).

Quadro 2.2 – *Mudança do paradigma de treinamento para o de aprendizagem*

ANTIGO PARADIGMA DE TREINAMENTO	→	PARADIGMA DE APRENDIZAGEM NO SÉCULO XXI
Prédio	LOCAL	Aprendizagem disponível sempre que solicitada – em qualquer lugar e a qualquer hora.
Atualizar qualificações	CONTEÚDO	Desenvolver competências básicas no ambiente de negócios.
Aprender ouvindo	METODOLOGIA	Aprender agindo.
Funcionários internos	PÚBLICO-ALVO	Equipe de funcionários, os clientes e os fornecedores de produtos.
Professores/consultores de universidades externas	CORPO DOCENTE	Gerentes seniores internos e um consórcio de professores universitários e consultores.
Evento único	FREQUÊNCIA	Processo contínuo de aprendizagem.

FONTE: ADAPTADO DE MEISTER, CITADO POR TEIXEIRA, 2001.

Antes de prosseguirmos em nosso estudo, é importante termos em mente a diferença entre informação, instrução, treinamento e instrução, desenvolvimento e educação, conforme ilustrado na Figura 2.1.

Você conseguiu perceber a diferença entre essas concepções? E, que educação é um conceito amplo e complexo?

Para deixar essas questões mais claras, vamos analisar seguinte exemplo:

Carlos foi contratado recentemente pela nossa empresa para ocupar um cargo na área de informática. Como uma das habilidades necessárias para o exercício de suas atribuições é a digitação, Carlos participará inicialmente de um <u>treinamento</u> e, como pretendemos promovê-lo para funções mais complexas brevemente, ele irá participar de um programa de <u>desenvolvimento</u>. Mas, como pretendemos que Carlos se desenvolva em todas as dimensões (cognitivas, afetivas e espirituais), adotamos a concepção de <u>educação</u> para os programas de capacitação em nossa empresa.

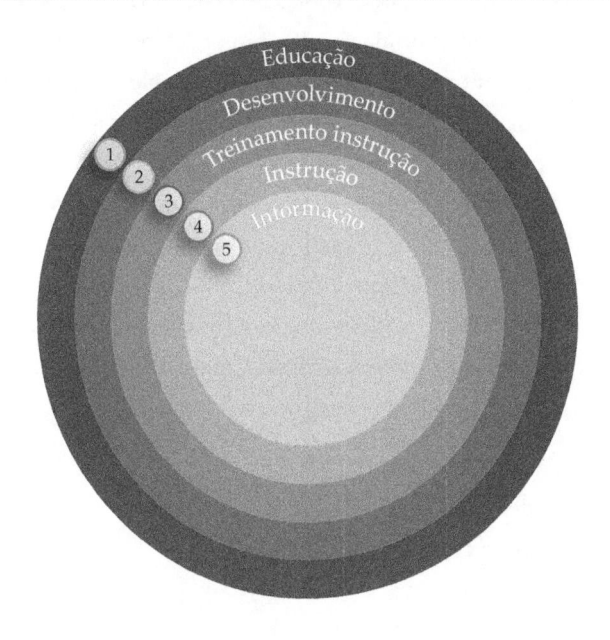

Figura 2.1 – Ações de indução de aprendizagem em ambientes organizacionais

1. *Educação:* programas de média e longa duração (cursos técnicos profissionalizantes, graduação, especialização e mestrado profissional e acadêmico, doutorado).
2. *Desenvolvimento:* ações educacionais de apoio a programas de qualidade de vida no trabalho, orientação profissional, autogestão de carreira e similares (oficinas, cursos, seminários, palestras etc.).
3. *Treinamento instrução:* ações educacionais de curta e média duração (cursos, oficinas etc.).
4. *Instrução:* orientações baseadas em objetivos instrucionais, realizadas geralmente com apoio de manuais, cartilhas, roteiros etc.
5. *Informação:* ações educacionais de curta duração (aulas, manuais, roteiros etc.).

Fonte: Adaptado de Vargas; Abbad, 2006, p. 143.

Podemos reafirmar, então, que a evolução do T&DE baseia-se no fato de que a contratação de mão de obra foi substituída pela contratação de "cérebros", porque, nesse contexto, as empresas precisam de profissionais que, além de serem mais capacitados tecnicamente, sejam capazes de resolver problemas, de tomar decisões e de contribuir com novas ideias para a melhoria e inovação dos processos produtivos, dos produtos e dos serviços. Além disso, as pessoas devem ser capazes de se comunicar, conviver umas com as outras, administrar conflitos, respeitar as diferenças etc.

Nesse contexto, podemos afirmar que o T&DE deve promover o aprendizado das pessoas em quatro dimensões:

1. aprender a aprender;
2. aprender a fazer;
3. aprender a conviver;
4. aprender a ser.

Para tanto, é importante que esse conceito esteja baseado nos quatro pilares da educação, definidos pela Unesco e citados por Gadotti (2000):

> Pilares da educação
>
> 1º APRENDER A CONHECER: prazer de compreender, descobrir, construir e reconstruir o conhecimento, curiosidade, autonomia, atenção. Aprender a conhecer é mais do que aprender a aprender; é aprender mais linguagens e metodologias do que conteúdos, pois esses envelhecem rapidamente. Significa aprender a pensar, a pensar a realidade e não apenas "pensar pensamentos", pensar o já dito, o já feito, reproduzir o pensamento.

2º APRENDER A FAZER: é indissociável do aprender a conhecer. A substituição de certas atividades humanas por máquinas acentuou o caráter cognitivo do fazer, ou seja, o "fazer" deixou de ser puramente instrumental. Nesse sentido, hoje, vale mais a competência pessoal, que torna a pessoa apta a enfrentar novas situações de emprego e a trabalhar em equipe do que a pura qualificação profissional. Na atualidade, o importante na formação do trabalhador é saber trabalhar coletivamente, ter iniciativa, gostar do risco, ter intuição, saber comunicar-se, saber resolver conflitos, ter estabilidade emocional. Estas são acima de tudo qualidades humanas que se manifestam nas relações interpessoais mantidas no trabalho.

3º APRENDER A VIVER JUNTOS, A VIVER COM OS OUTROS: compreender o outro, desenvolver a percepção da interdependência; administrar conflitos; participar em projetos comuns. Essa é a tendência.

4º APRENDER A SER: significa o desenvolvimento integral da pessoa, ou seja, inteligência, sensibilidade, sentido ético e estético, responsabilidade pessoal, espiritua lidade, pensamento autônomo e crítico, imaginação, criatividade, iniciativa. Por isso, aprendizagem não pode ser apenas lógico-matemática e linguística. Precisa ser integral.

FONTE: ADAPTADO DE GADOTTI, 2000.

Tudo isso nos leva ao planejamento de programas de T&DE sob uma abordagem bem mais complexa, ou seja, pensar em educação corporativa não significa somente realizar cursos e seminários. Implica decidir qual tipo de trabalhador a empresa precisa: se de um trabalhador "treinado" para executar suas atividades tal e qual foi previamente determinado, sem nunca pensar em propor melhorias; ou, se de um profissional questionador que tenha por hábito refletir sobre suas ações e propor melhorias para os processos produtivos.

Como consequência dessa nova concepção que valoriza a educação das pessoas na organização, surge uma nova abordagem para a área de T&DE, chamada *universidade corporativa*.

(2.2)
Universidade corporativa

As universidades corporativas (UC) foram lançadas por empresas norte-americanas com o intuito de criar um modelo de educação voltado para o negócio, já que o ensino formal não estava atendendo a contento essa área. Segundo Eboli (2004), em 2004, já existiam mais de 2 mil universidades corporativas nos Estados Unidos, em diversos setores produtivos.

Salientamos que esse fenômeno desenvolve-se num contexto onde existe a necessidade de as empresas darem respostas eficazes a um mercado cada vez mais competitivo, sendo que essa reação está diretamente atrelada à qualificação das pessoas na organização.

As primeiras universidades corporativas brasileiras foram: a da Escola Amil, do Grupo Amil (criada em 1987); a Academia – Unidade de Serviços, do Grupo Accor do Brasil (1992); e a Universidade da Brahma (1995). A partir de 2000, verificou-se um crescimento acentuado das UCs no Brasil.

O advento desse fato ocorre "à medida que as empresas começam também a perceber a necessidade de repensar seus tradicionais centros de T&D" (Eboli, 2004, p. 47).

Como existe uma certa confusão conceitual, vale lembrar que as UCs são diferentes das universidades que conhecemos, pois inserem-se no contexto organizacional, ou seja, no mundo dos negócios, enquanto as tradicionais instituições de ensino superior estão atreladas às políticas governamentais relacionadas ao sistema formal de ensino. Ou seja, os programas desenvolvidos pelas UCs não precisam se submeter a diretrizes governamentais.

Embora as universidades corporativas tenham muitos elementos de uma universidade tradicional – catálogo de cursos (que pode ser encontrado *on-line*), logotipo, certificados e, até mesmo, um grupo de ex-alunos – elas vinculam o aprendizado contínuo às metas de uma organização, buscando traduzi-lo em resultados mensuráveis.

A UC, para Eboli (2004, p. 48), é "um sistema de desenvolvimento de pessoas, pautado pela gestão de pessoas por competências". Podemos acrescentar que a UC visa sistematizar os processos de ensino e de aprendizagem no contexto organizacional, e, dessa forma, elevar a qualificação dos trabalhadores. É importante lembrar que a atuação da UC fundamenta-se nos conceitos atuais de T&DE, focalizando o desenvolvimento das competências do negócio e as competências humanas. Aqui se destaca uma das grandes diferenças entre os centros tradicionais de T&DE e as UCs, pois estas passam a assumir uma posição visivelmente estratégica.

Nesse contexto, é possível observar a "mudança de paradigma de centro de T&DE para universidade corporativa" (Eboli, 2004), conforme ilustrado no Quadro 2.3.

Quadro 2.3 – Mudança de paradigma de centro de T&DE para universidade corporativa

Centro de Treinamento		Educação Corporativa
Desenvolver habilidades	Objetivo	Desenvolver as competências críticas
Aprendizado individual	Foco	Aprendizagem organizacional
Tático	Escopo	Estratégico
Necessidades individuais	Ênfase	Estratégias de negócios
Interno	Público	Interno e externo
Espaço real	Local	Espaço real e virtual
Aumento das habilidades	Resultado	Aumento da competitividade

Fonte: Adaptado de Eboli, 2004, p. 50.

Na realidade, as universidades corporativas visam ao desenvolvimento de projetos educativos totalmente fundamentados na missão, nos valores e na cultura da organização. Esses projetos, além de serem elaborados com base no diagnóstico das necessidades presentes e futuras da organização, não se limitam aos seus colaboradores, pois estendem-se também aos clientes, aos fornecedores e à comunidade na qual a organização está inserida. Muitas vezes, esses projetos são realizados em parceria com instituições de ensino formal.

Eboli (2004) cita alguns exemplos de UCs, entre eles:

- AmBev: envolve os distribuidores em seus treinamentos, visando melhorias em seus pontos de venda.

- EMBRAER: tem programas de formação de técnicos em São José dos Campos (SP), visando melhorar a qualidade da mão de obra disponível na região, sendo que esses técnicos podem ou não vir a ser seus funcionários no futuro.
- MOTOROLA: treina seus clientes nas novas tecnologias.

Para o planejamento dos programas da UC é fundamental que sejam identificadas as necessidades de aprendizagem, as quais podem ser agrupadas de acordo com os eixos negocial, empreendedor e os eixos cidadão e ser humano (Souza, p. 2000):

- EIXO NEGOCIAL: conhecimento do negócio da empresa, da estrutura de competitividade do setor onde a empresa opera; foco nos clientes e fornecedores; domínio dos fatores críticos para a geração de lucro.
- EIXO EMPREENDEDOR: apresentar raciocínio estratégico, orientação para resultados, aptidão para criar novos negócios; além de atuar com multifuncionalidade, autonomia e liderança, tolerância a riscos; assim como possuir capacidade de sonhar e de transformar seus sonhos em realidade, inventando as regras do jogo, em vez de simplesmente segui-las; capacidade para mobilizar recursos, foco no usuário e apresentar agilidade, flexibilidade e criatividade.
- EIXO CIDADÃO E SER HUMANO: capacidade de conciliar seu trabalho com outras dimensões da vida; de gerenciar sua saúde, estresse e qualidade de vida; de manifestar a cidadania comunitária e o nível de conectividade interno e externo e inteligência emocional.

Para Najjar (2001, p. 175), algumas universidades corporativas tiveram seu início junto à área de RECURSOS HUMANOS, tomando seu próprio rumo após sua consolidação.

Mas, ainda assim, é importante que a UC fique junto "ao órgão máximo de decisão da organização".

A implantação das universidades corporativas tem gerado alguma polêmica, pois algumas empresas se preocupam apenas com a mudança do nome das suas áreas de "treinamento e desenvolvimento" para "universidade corporativa", esquecendo-se da verdadeira essência dessa mudança, no que diz respeito à concepção de capacitação dos trabalhadores (como vimos anteriormente). Isso talvez ocorra pelo fato da UC vincular-se diretamente com a presidência da empresa, enquanto a área de T&DE se reporta ao diretor ou vice-presidente de RH.

Podemos dizer que a educação corporativa é direcionada para o negócio da empresa ou organização, e os resultados dos aprendizados obtidos contribuem para a construção de um novo perfil do trabalhador, o qual passa a ser mais crítico em relação aos processos produtivos e mais capacitado para apresentar soluções e inovações.

Além disso, a educação corporativa busca propiciar mudanças na forma de pensar, de sentir e de agir dos indivíduos em situações de trabalho e na vida pessoal e social.

(.)

Ponto final

O grande objetivo deste capítulo foi estimular a reflexão sobre o processo evolutivo do treinamento, que culminou com a educação corporativa, a qual visa capacitar o trabalhador para analisar criticamente os processos produtivos e a sua própria atuação no trabalho, a fim de buscar novas alternativas de solução.

Indicação cultural

EBOLI, M. *Educação corporativa no Brasil*: mitos e verdades. São Paulo: Gente, 2004.

Atividade

1. Avalie se as afirmativas a seguir são verdadeiras (V) ou falsas (F):

   ( ) O treinamento, tal como é concebido na ADMINISTRAÇÃO CIENTÍFICA DE TAYLOR, não mais atende as necessidades das empresas contemporâneas, porque visa somente ao aperfeiçoamento no mesmo cargo.

   ( ) A universidade corporativa é uma universidade do sistema formal de ensino, direcionada ao negócio da empresa.

   ( ) As empresas brasileiras, a partir da década de 1990, incorporaram ao treinamento e desenvolvimento de RH os conceitos da educação, porque passaram a adotar novos conceitos de gestão e o trabalhador passou a ser exigido em atividades mais complexas.

   ( ) *Treinar* significa adestrar habilidades para um determinado cargo ou função.

   ( ) Quando falamos em *educação corporativa*, estamos integrando projetos de capacitação dos trabalhadores com o negócio, a missão e a visão da organização.

   Assinale a alternativa que corresponde à sequência correta:
   a) V, F, V, V, F.
   b) V, F, V, V, V.
   c) V, F, F, V, V.
   d) V, F, V, F, F.

(**3**)

T&DE, gestão da qualidade
e os processos de certificação

Rosane Santos Ribeiro

A implantação da gestão da qualidade e dos processos de certificação acarreta, necessariamente, a implementação de ações educativas no âmbito organizacional. E é nesse contexto que, neste capítulo, iremos abordar o treinamento, desenvolvimento e educação (T&DE), partindo de uma reflexão sobre o processo evolutivo da gestão da qualidade, para que possamos compreender a fase em que se encontra a organização a que pertencemos.

(3.1)

T&DE para a gestão da qualidade

A preocupação com a qualidade, dividida por Matsumoto (2006) em sete fases, evidenciou-se a partir do século XX com a adoção de mecanismos de controle da qualidade pela indústria automobilística americana. Esses estágios estão resumidos na Figura 3.1.

No início, o controle da qualidade era exercido sob a forma de inspeção realizada ao final do processo produtivo, visando, exclusivamente, à qualidade intrínseca do produto. Nos anos de 1930, o controle da qualidade passou a focalizar o processo produtivo e, nesse período, foram introduzidos métodos estatísticos para prevenir a ocorrência de defeitos nos produtos.

Após a Segunda Guerra Mundial, as empresas japonesas implantaram a qualidade total (QT) em seus processos produtivos, com a contribuição de especialistas americanos, entre os quais destacam-se: William Edwards Deming (CEP, PDCA, pesquisa de mercado), Joseph Moses Juran (planejamento da qualidade) e Armand Vallin Feingenbaum (controle total da qualidade).

A partir da década de 1950, a concepção de controle da qualidade foi ampliada e o seu gerenciamento não mais se restringiu ao Departamento de Qualidade, pois passou a ser exercido por todos e em toda a empresa, com o foco na satisfação das necessidades do cliente.

Na quarta fase do processo evolutivo da qualidade, ainda de acordo com Matsumoto (2006), houve um resgate das questões humanas na organização e passaram a ser discutidos temas relativos à motivação, às relações interpessoais, à liderança, à comunicação, ao processo decisório e à integração entre os objetivos organizacionais e os individuais, com o intuito de conciliar as funções econômicas da organização com as sociais.

Essa fase foi seguida por outra, cujo enfoque centrou-se nos processos empresariais, ou seja, alta qualidade, baixo custo, menor prazo, qualidade no desenvolvimento etc., sendo que a sexta fase continuou com o enfoque no cliente. E a fase atual é caracterizada pela utilização do ENFOQUE ESTRATÉGICO.

Figura 3.1 – Estágios da evolução da qualidade

ESTÁGIO 1: ENFOQUE NO PRODUTO
Inspeção após a produção; solução de problemas.
↓
ESTÁGIO 2: ENFOQUE NO PROCESSO PRODUTIVO
Garantia da qualidade na produção: controle estatístico de processo.
↓
ESTÁGIO 3: ENFOQUE NO SISTEMA
Garantia da qualidade em todos os departamentos.
↓
ESTÁGIO 4: ENFOQUE HUMANISTA
Educação e treinamento para todos; mudanças de comportamento.
↓
ESTÁGIO 5: ENFOQUE NOS PROCESSOS EMPRESARIAIS
Alta qualidade, baixo custo, menor prazo; qualidade no desenvolvimento.
↓
ESTÁGIO 6: ENFOQUE NO CLIENTE
Sintonia contínua com o cliente.
↓
ESTÁGIO 7: ENFOQUE ESTRATÉGICO
Sintonia contínua com os ambientes externos e internos.

FONTE: MATSUMOTO, 2006, P. 244.

Como podemos verificar, o controle da qualidade deixou de ser uma atividade meramente operacional, como era no início do século XX, e passou a ser tratado sob um enfoque sistêmico e estratégico, com o uso inteligente e objetivo da informação, de tal forma que aprendizagem e inovação passaram a integrar os processos de decisão nas empresas (Fleury; Fleury, 1995).

Ao analisar cada fase da evolução da concepção de qualidade, podemos identificar os tipos de aprendizados necessários, de forma cumulativa. Por exemplo: na fase sete, as pessoas devem desenvolver uma nova visão – mais integrada ao mundo e à organização –, de forma que consigam estabelecer as respectivas inter-relações e interdependências de tal maneira que, até mesmo nos níveis operacionais, é possível ter clareza dos produtos que se está fazendo.

A partir do quarto estágio (enfoque mais humanístico), os programas de desenvolvimento gerencial passaram a focar, também, as questões relacionadas à liderança e ao papel do líder junto à equipe de trabalho.

Por isso, é muito importante sermos capazes de identificar o estágio de evolução em que se encontra a nossa organização, porque essas informações nos fornecerão indícios valiosíssimos sobre as ações que deveremos tomar em termos de capacitação das pessoas.

Nesse sentido, Gil (2001, p. 271) sugere algumas ações educativas que contemplam tanto a qualificação técnica quanto o desenvolvimento de atitudes positivas e, entre elas, a de "capacitar a liderança para o gerenciamento de pessoas, com a preocupação pela motivação da equipe de trabalho".

Muitas publicações têm sido feitas, nos últimos anos, a respeito do impacto dos programas de treinamento e desenvolvimento de pessoas nas organizações. De um modo geral, todas elas apontam para a relação existente entre os resultados positivos alcançados pelas organizações e os investimentos realizados nesses programas.

É ponto comum, entre essas publicações, o fato de que os programas de qualidade e as certificações envolvem não só as inovações tecnológicas, mas, fundamentalmente, a mudança de mentalidade. Além disso, também faz parte do usual o fato de toda transformação passar, por um processo de aprendizagem organizacional.

Para Ishikawa (1993), a qualidade começa e termina com a educação, que deve ser encarada como um processo sistemático e permanente, atingindo a todos em todos os níveis hierárquicos, desde o presidente até o pessoal do "chão de fábrica". Para o autor, as práticas de T&DE desenvolvidas nas empresas ocidentais enfatizam o elemento treinamento, pois visam ao aperfeiçoamento das habilidades que a empresa pode usar; quando, na realidade, é preciso educar os trabalhadores, fazê-los pensar para, então, mudarem seus próprios padrões de pensar e de agir.

Dessa forma, no desenvolvimento de pessoas é importante estar ciente de que não basta a competência técnica, devemos levar em consideração também os aspectos psicossociais envolvidos no relacionamento entre as pessoas, tendo em vista a nova forma de organização do trabalho, centrada no trabalho em equipe (Ribeiro, 1998).

Quando o conhecimento é abordado exclusivamente sob o enfoque técnico-instrumental, as pessoas tendem a adquirir uma mentalidade extremamente utilitarista e, com isso, tornam-se indivíduos imediatistas, com uma visão de mundo bastante limitada (Mariotti, 1996). Portanto, o T&DE deve objetivar ao desenvolvimento de habilidades técnicas, conceituais e de relacionamento interpessoal de forma integrada, para que as pessoas possam tornar-se suficientemente autônomas, a fim de poderem empreender as transformações necessárias em suas próprias realidades e nas empresas onde trabalham.

Nem todas as soluções estão no T&DE, mas existem algumas dificuldades enfrentadas na gestão da qualidade possíveis de serem solucionadas por meio de programas educativos, entre os quais podemos citar a falta de preocupação com a melhoria contínua dos processos, a falta de hábitos adequados em relação à higiene, limpeza, segurança no trabalho e integração entre setores (Gil, 2001).

Matsumoto (2006, p. 247) cita alguns tipos de treinamento para a primeira fase da implantação do sistema de qualidade, onde deve ocorrer a capacitação daqueles que estão diretamente envolvidos no processo:

- *formação de auditores internos;*
- *metodologia de análise e solução de problemas (MASP);*
- *metodologia de gerenciamento de processos (MGP);*
- *análise de oportunidades;*
- *critérios de excelência da Fundação Nacional da Qualidade (FNQ);*
- *gerenciamento de documentos;*
- *conscientização sobre saúde, segurança e meio ambiente, entre outros.*

Matsumoto (2006, p. 248) salienta, ainda, que não podemos esquecer, as "exigências normativas, uma vez que todas as normas requerem treinamentos específicos para o público em geral e para categorias funcionais específicas".

Além disso, o mesmo autor ressalta que é "importante identificar metodologias alternativas aos modelos tradicionais para viabilizar a execução dos programas". Entre elas, encontra-se a utilização de multiplicadores; o uso de tecnologias interativas, como *e-learning* e ensino a distância; bem como os programas de integração de novos funcionários.

Para implantar a gestão da qualidade, muitas empresas iniciaram pelo Programa "5S", onde são priorizadas as questões relacionadas à organização e à limpeza dos espaços de trabalho, oferecendo informações sobre todas as etapas do processo e instruções de como colocar em prática a metodologia. Passada a fase inicial, as pessoas deveriam manter essa prática independentemente de controle e de auditoria externa.

O problema surgiu quando essas pessoas não faziam o que se esperava delas, pois não haviam internalizado essa nova concepção, o que pode ser relacionado à metodologia adotada para o processo de ensino-aprendizagem.

(3.2)

O processo de T&DE e a NBR ISO 10015

Existe uma norma técnica que fornece as diretrizes e as orientações necessárias para os programas de T&DE, principalmente, para as organizações que buscam certificações: a NBR ISO 10015. Ela se aplica em qualquer tipo de organização, com exceção das empresas prestadoras de serviços de treinamento para outras organizações. Estas devem utilizar a NBR ISO 9004 (sistemas de gestão da qualidade – diretrizes para a melhoria do desempenho).

Definições de termos utilizados na NBR ISO 10015, de acordo com a Associação Brasileira de Normas Técnicas – ABNT (2001, p. 3):

- COMPETÊNCIA: *aplicação do conhecimento, habilidades e comportamentos no desempenho;*

- TREINAMENTO: *processo para desenvolver e prover conhecimentos, habilidades e comportamentos para atender requisitos.*

A NBR ISO 10015 focaliza o processo de T&DE como um ciclo composto por quatro etapas interagindo entre si, como podemos observar na Figura 3.2.

Figura 3.2 – Ciclo do treinamento

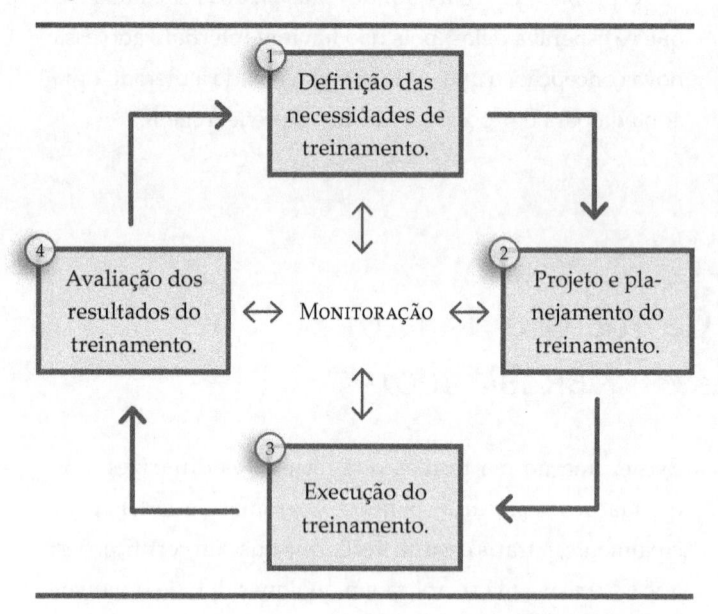

```
                    ┌─────────────────┐
                    │ 1 Definição das │
            ┌──────▶│ necessidades de │──────┐
            │       │  treinamento.   │      │
            │       └─────────────────┘      │
            │                ↕               ▼
┌─────────────────┐                   ┌─────────────────┐
│ 4 Avaliação dos │                   │ 2 Projeto e pla-│
│  resultados do  │◀── MONITORAÇÃO ──▶│  nejamento do   │
│   treinamento.  │                   │   treinamento.  │
└─────────────────┘                   └─────────────────┘
            ▲                ↕               │
            │       ┌─────────────────┐      │
            │       │ 3  Execução do  │      │
            └───────│   treinamento.  │◀─────┘
                    └─────────────────┘
```

FONTE: ABNT, 2001, P. 3.

A NBR ISO 10015 apresenta o processo de T&DE. A primeira ação a ser implementada é a realização de um diagnóstico para identificar as necessidades de treinamento, que deverão subsidiar a segunda fase, que é o planejamento das intervenções educativas. A terceira fase refere-se à implementação de planos e programas de T&DE e, por fim, realiza-se o acompanhamento e a avaliação dos processos e resultados.

Como um processo dinâmico, as diferentes etapas do ciclo de T&DE estão em permanente interação, como, por exemplo, a avaliação, que está presente em todas as outras fases.

A NBR ISO 10015 enfatiza a necessidade de envolvermos os indivíduos, cujas competências serão desenvolvidas em todo o processo de treinamento, desde a fase diagnóstica, porque isso "pode favorecer um sentimento de coautoria deste processo, tornando esse pessoal mais responsável por assegurar o seu sucesso" (ABNT, 2001, p. 4).

Nos próximos capítulos, abordaremos cada uma dessas fases do ciclo (ou processo) de T&DE com maior profundidade.

(.)

Ponto final

Neste capítulo, procuramos demonstrar a relação existente entre a implantação de gestão da qualidade e de processos de certificação com o treinamento, desenvolvimento e educação das pessoas na organização. Além disso, abordamos o processo T&DE em quatro etapas, envolvendo o diagnóstico das necessidades, o planejamento, a execução e a avaliação dos programas de T&DE. Tudo isso sob a perspectiva da Norma ISO 10015, que trata das diretrizes para o treinamento dentro do contexto da gestão da qualidade e dos processos de certificação.

Indicação cultural

BOOG, G. G.; BOOG, M. T. (Coord.). *Manual de treinamento e desenvolvimento*: processos e operações. São Paulo: Pearson Education do Brasil, 2006.

Atividade

1. Avalie se as afirmativas a seguir são verdadeiras (V) ou falsas (F):

    ( ) O controle da qualidade passou a ser tratado sob um enfoque sistêmico e estratégico, integrando aprendizagem e inovação.

    ( ) Os programas de qualidade e as certificações envolvem não só as inovações tecnológicas, mas, fundamentalmente, a mudança de mentalidade.

    ( ) O T&DE deve objetivar o desenvolvimento de habilidades técnicas, conceituais e de relacionamento interpessoal de forma integrada.

    ( ) A NBR ISO 9004:2000 (sistemas de gestão da qualidade – diretrizes para a melhoria de desempenho) aplica-se em qualquer tipo de organização, sem exceção.

    ( ) O baixo nível de integração entre os setores e o desconhecimento dos custos da "não qualidade" (refugos, retrabalhos etc.) têm sido algumas das dificuldades encontradas na implantação da gestão da qualidade. Contudo, é possível resolver esses problemas com treinamentos.

    Assinale a alternativa que corresponde à sequência correta:

    a) V, V, V, V, V.

    b) V, V, F, V, V.

    c) V, V, V, F, V.

    d) V, V, V, F, F.

(4)

Diagnóstico das
necessidades de T&DE

Rosane Santos Ribeiro

Como vimos no capítulo anterior, a primeira fase do processo de treinamento, desenvolvimento e educação (T&DE), indicada pela NBR ISO 10015, refere-se ao diagnóstico das necessidades. Nessa fase, são identificadas as reais necessidades de aprendizagem e é por isso que podemos afirmar que essa é uma etapa fundamental no processo, pois, além de subsidiar as decisões a serem tomadas na fase do planejamento, confere maior credibilidade aos programas de T&DE e, em última análise, facilita a aprovação pela diretoria.

Neste capítulo, analisaremos os procedimentos gerais e alguns modelos teóricos para o diagnóstico de necessidades de T&DE. Aliás, de um modo geral, o diagnóstico das necessidades de T&DE visa identificar as necessidades de aprendizagem ou as competências humanas que devem ser desenvolvidas. Além disso, realizar diagnóstico sobre as necessidades de T&DE permite evitar:

- ações desconectadas das reais necessidades da organização;
- indicação de funcionários para participarem em determinados programas de T&DE sem que haja realmente uma necessidade;
- relatórios sobre as ações de T&DE de caráter somente quantitativo, sem dados que indiquem a repercussão dessas ações para a organização;
- programas sem critérios objetivos de avaliação (pois se não tivermos um diagnóstico preciso sobre as necessidades da organização, dos indivíduos e grupos, como poderemos avaliar os resultados das ações de T&DE?).

Para Boog e Boog (2001, p. 11-12), "é fundamental que sejam investigadas as causas (reais), os seus efeitos e as consequências dos problemas para, finalmente, destacar os indicadores de desempenho os quais serão, mais tarde, retomados com vistas ao processo de avaliação dos resultados".

De acordo com Boong e Boong (2006b), para realizar um diagnóstico de necessidades de T&DE, devemos analisar e explicar variáveis, como: mudanças, objetivos, missão, visão, valores e metas organizacionais. Isso quer dizer que não basta verificarmos as necessidades de aprendizagem analisando somente o desempenho do indivíduo no cargo, é preciso identificar as necessidades futuras em termos de desenvolvimento de competências humanas, ou seja, alinhar as ações de T&DE com o planejamento estratégico da organização.

O diagnóstico das necessidades de T&DE, para Behmer (2002), tem como finalidades definir: o "por quê", o "para que", "quem", "em quanto tempo" e quais "competências" precisam ser desenvolvidas.

A NBR ISO 10015 adverte que as necessidades em termos de desenvolvimento de competências são influenciadas por diversos fatores, internos e externos à organização, "incluindo mudanças no mercado, tecnologia, inovações e requisitos dos clientes e outras parte interessadas" (ABNT, 2001, p. 2).

Essa mesma norma também evidencia a relação direta entre as necessidades de melhoria da organização e as necessidades de treinamento, em termos de desenvolvimento de competências (Figura 4.1).

Sob uma perspectiva sistêmica, o diagnóstico abrange necessidades individuais, grupais, organizacionais e até mesmo as necessidades dos fornecedores, dos clientes e da própria comunidade onde a organização está inserida.

Por isso, a fase do diagnóstico de necessidades de T&DE deve prever o envolvimento de todos, em todos os níveis e áreas da organização (alta direção, gerências, chefias e colaboradores) e, inclusive, fora da organização (fornecedores, clientes, comunidade etc.). Essa estratégia vem ao encontro do apregoado pelos novos modelos de gestão, no sentido de enfatizar o dever da organização de criar espaços para ouvir as pessoas sobre as dificuldades com que se deparam, nos processos produtivos onde atuam, e sobre alternativas de solução para esses problemas.

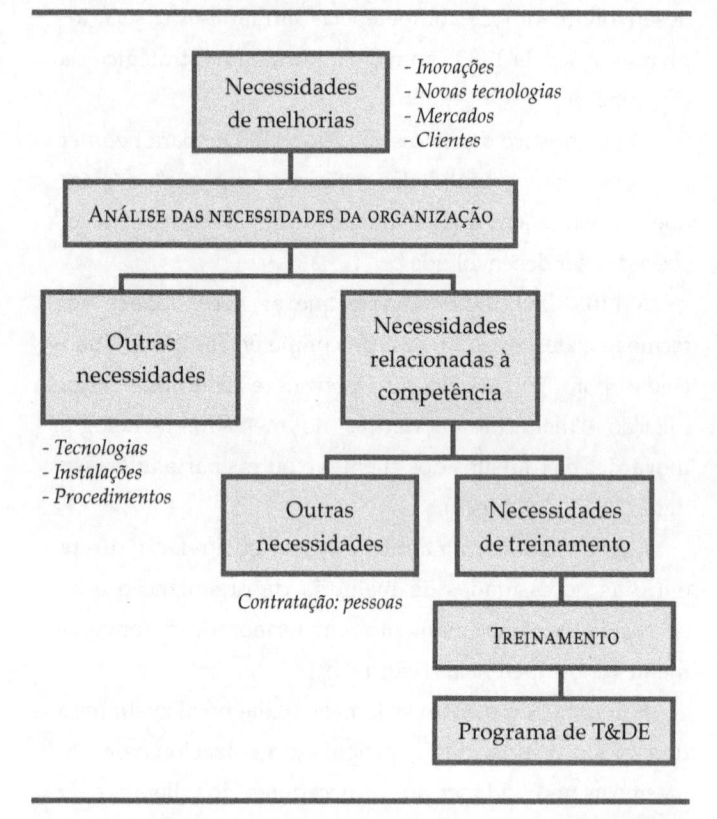

Figura 4.1 – Melhorando a qualidade pelo treinamento

```
                    ┌─────────────┐   - Inovações
                    │ Necessidades│   - Novas tecnologias
                    │ de melhorias│   - Mercados
                    └──────┬──────┘   - Clientes
                           │
            ┌──────────────┴──────────────┐
            │ ANÁLISE DAS NECESSIDADES DA ORGANIZAÇÃO │
            └──────────────┬──────────────┘
              ┌────────────┴────────────┐
         ┌────┴─────┐              ┌────┴──────┐
         │  Outras  │              │Necessidades│
         │necessidades│            │relacionadas│
         └──────────┘              │à competência│
                                   └─────┬─────┘
   - Tecnologias                         │
   - Instalações               ┌─────────┴─────────┐
   - Procedimentos        ┌────┴─────┐      ┌──────┴──────┐
                          │  Outras  │      │Necessidades │
                          │necessidades│    │de treinamento│
                          └──────────┘      └──────┬──────┘
                        Contratação: pessoas       │
                                              ┌────┴─────┐
                                              │TREINAMENTO│
                                              └────┬─────┘
                                              ┌────┴─────┐
                                              │Programa de T&DE│
                                              └──────────┘
```

FONTE: LEE, 2006, P. 67.

No ambiente organizacional existem várias FONTES PARA A COLETA DE DADOS, entre elas: planejamento estratégico, novas tecnologias, índice de acidentes de trabalho, baixa produtividade e qualidade, pesquisa de clima organizacional, relatório do serviço de atendimento ao cliente, programas de qualidade e certificações, descrição das competências, entrevistas de desligamento, gestores e análises dos processos produtivos, conforme veremos.

- PLANEJAMENTO ESTRATÉGICO: aqui é possível identificar *o que, como* e *quando mudará*, bem como o quanto as pessoas serão afetadas e quais as competências e as habilidades que serão exigidas, incluindo as perspectivas de contratação de novos colaboradores.
- NOVAS TECNOLOGIAS: com a implantação de novas tecnologias, surge a necessidade de novos saberes, habilidades, competências etc. que deverão ser desenvolvidas.
- ÍNDICE DE ACIDENTES DE TRABALHO: acidentes acima do esperado podem ser gerados por falta de capacitação.
- BAIXA PRODUTIVIDADE E QUALIDADE: essa situação pode estar relacionada com a falta de qualificação dos trabalhadores e, por isso, é importante uma criteriosa investigação de suas causas.
- PESQUISA DE CLIMA ORGANIZACIONAL: os resultados da pesquisa de clima podem indicar alguns pontos fracos, que podem ser melhorados por meio de programas de capacitação.
- RELATÓRIO DO SERVIÇO DE ATENDIMENTO AO CLIENTE (SAC): contém observações e queixas feitas por clientes externos.
- PROGRAMAS DE QUALIDADE E CERTIFICAÇÕES: de um modo geral, esses programas trazem em si as exigências de implementação de projetos de capacitação.
- DESCRIÇÃO DAS COMPETÊNCIAS: as necessárias para cada cargo e os resultados da avaliação de desempenho.
- ENTREVISTAS DE DESLIGAMENTO: é quando podem ser verificadas algumas questões, como o estilo de liderança da chefia, razões do desligamento, dificuldades no exercício da função, motivação etc.
- GESTORES: uma das principais atribuições dos gestores é analisar e avaliar o desempenho das pessoas e dos grupos na organização. A entrevista, nesse caso, é uma das metodologias indicadas.

- ANÁLISE DOS PROCESSOS PRODUTIVOS: para verificar se existem problemas e/ou dificuldades nas relações interfuncionais que possam ser resolvidos por meio de programas de capacitação.

Inicialmente, é importante que sejam definidos os métodos e as técnicas que serão utilizados para a coleta dos dados, ou seja, para o levantamento das necessidades de T&DE. Para tanto, Milioni (2001, p. 12-14) apresenta uma metodologia de *checklist*, composta das quatro fases:

1. ANÁLISE DAS CAUSAS: nessa fase, ocorre a identificação das possíveis causas do problema (variáveis controláveis e não controláveis). Para tanto, o autor sugere a utilização do diagrama de Ishikawa[a].
2. ANÁLISE DOS EFEITOS: descrição de todos os efeitos para cada causa-alvo, identificada na fase anterior.
3. ANÁLISE DAS CONSEQUÊNCIAS: nessa fase, o autor propõe alguns questionamentos: Como o cliente interno reconhece as consequências dos efeitos? As consequências têm sido objeto de reclamações por parte dos clientes internos e externos? É possível identificar subprodutos de cada uma das consequências identificadas?
4. DIAGNÓSTICO FINAL: nessa fase, o gestor de T&DE apresenta o seu parecer com as soluções recomendadas.

---

a. O diagrama de Ishikawa, também conhecido como *diagrama de causa e efeito*, foi desenvolvido por Kaoru Ishikawa, da Universidade de Tóquio, em 1943, para representar a relação entre o "efeito" e todas as possibilidades de "causa" que podem contribuir para esse efeito. Esse modelo parte do pressuposto de que para cada efeito existem inúmeras causas, que foram agrupadas em seis categorias: método, mão de obra, matéria-prima, máquinas, mensuração e meio ambiente. Nas áreas de serviços e processos transacionais utilizam-se como categorias básicas: procedimentos, pessoas, ponto, políticas, medição e meio ambiente. Um diagrama de causa e efeito bem detalhado tomará a forma de uma espinha de peixe e daí o nome alternativo de "diagrama espinha de peixe".

O autor salienta que o cliente interno é envolvido em todas essas fases. Nesse contexto, é importante que tenhamos sempre presente que o diagnóstico constitui o momento crucial para o planejamento das ações de T&DE, pois é por meio dele que são identificadas as necessidades organizacionais em termos de desenvolvimento das competências, habilidades, conhecimentos e atitudes dos indivíduos e dos grupos.

Com o intuito de ilustrar a abrangência que um levantamento de necessidades deve ter, apresentamos a seguir o modelo de diagnóstico desenvolvido por Mattos (1985), o qual, apesar de ter sido desenvolvido na década de 1980, ainda é muito atual, haja vista a sua abordagem sistêmica do T&DE, na qual a organização é vista como um todo composto por seis níveis de necessidades, apresentados a seguir.

Nível 1 – Necessidades funcionais individuais

- OBJETIVO: identificar deficiências de conhecimentos/ habilidades e desvios de atitudes do funcionário na execução de sua tarefa.
- A ênfase do diagnóstico, nesse nível, contribui pouco para o todo, pois visualiza somente o comportamento individualizado.

Nível 2 – Necessidades interfuncionais

- OBJETIVO: verificar as carências existentes nos processos produtivos, em termos de interações entre as funções, tanto verticais como horizontais.
- Na prática, o que foi observado é que a maioria dos programas de T&DE focaliza somente as categorias funcionais, sem levar em consideração o funcionamento dos processos e a dinâmica das equipes. Por exemplo: um programa anual de T&DE dirigido às funções gerenciais

e técnicas. A crítica a essa prática deve-se ao fato de que, após a capacitação das pessoas, para um melhor desempenho em seus cargos e/ou funções, devem ser trabalhadas as equipes – onde ocorrem as relações interfuncionais – visando à melhoria dos processos produtivos.

Nível 3 – Necessidades setoriais

- OBJETIVO: identificar dificuldades de desempenho de cada unidade.
- ASPECTOS A SEREM LEVADOS EM CONSIDERAÇÃO: condições legais, estruturais, gerenciais, técnicas, operacionais e sociais – determinantes do parâmetro de desempenho global do setor.
- Todos os membros do setor devem ser envolvidos, a fim de garantir a fidedignidade dos dados levantados.

Nível 4 – Necessidades intersetoriais

- OBJETIVO: identificar dificuldades no que diz respeito às relações intersetoriais (fluxo de informações e produtos).
- São mais comuns os bloqueios, desvios e conflitos nas relações intersetoriais horizontais. Ex.: interfaces entre atividades-meio e atividades-fim.

Nível 5 – Necessidades organizacionais

- OBJETIVO: identificar fatores dificultadores e facilitadores da eficácia organizacional.
- PRESSUPOSTO: como um sistema aberto, a organização tem intercâmbio de informações e produtos com o meio ambiente, por isso, um dos fatores para garantir a sobrevivência é a necessidade de os eventos externos serem antecipados (proatividade).

Nível 6 – Necessidades interorganizacionais

- OBJETIVO: verificar o impacto produzido pela organização em organizações que sejam clientes, colaboradoras e/ou fornecedoras com as quais estabelece relações de trabalho). Esse nível tem, cada vez mais, ganhado espaço e importância.

Nesse sentido, é totalmente válida a afirmação de Felippe (2006, p. 8) de que a clareza e a precisão são características necessárias na apresentação "das competências críticas de sucesso da empresa", isto é, na objetivação da imagem que a empresa quer vender, o como ela "quer ser reconhecida no mercado"; bem como "dos seus valores (que irão sustentar a sua competência), dos resultados esperados e da expectativa da empresa passa a ser fundamental para o sucesso do levantamento de necessidades, assim como para os programas de treinamento".

Além disso, diante do exposto neste capítulo, podemos afirmar que as necessidades de aprendizagem no contexto organizacional devem ser tratadas sob uma perspectiva sistêmica, ou seja, deve ser levada em consideração a influência dos fatores internos e externos à organização, para possibilitar a garantia de adequação dos programas de T&DE às necessidades e às expectativas tanto da organização quanto de seus colaboradores.

(.)
Ponto final

Neste capítulo, estudamos o tema diagnóstico das necessidades de desenvolvimento das competências humanas, isto é, a primeira etapa do processo de T&DE. Procuramos apresentar alguns procedimentos e modelos de levantamento de necessidades de T&DE, sob uma perspectiva sistêmica. Trata-se de um tema muito importante, porquanto o DIAGNÓSTICO constitui-se sustentáculo de todas as decisões que devem ser tomadas durante o processo de planejamento.

Indicações culturais

MILIONI, B. *Indicadores da gestão de treinamento e desenvolvimento.* São Paulo: ABTD, 2005.

Atividade

1. O diagnóstico de necessidades de T&DE visa, fundamentalmente, subsidiar as decisões sobre quais são as ações que devem ser empreendidas para a educação das pessoas integrantes de uma determinada organização. A falta de um diagnóstico pode representar alguns resultados negativos. Marque V (verdadeiro) para assertivas que representam os resultados negativos e F (falso) para aquelas que não representam tais resultados.

    ( ) O T&DE limitado à execução de cursos que não atendem às reais necessidades.

    ( ) Indicação de funcionários: motivos alheios às

necessidades de aprimoramento funcional.
( ) Funcionários que usam os programas de T&DE para ampliar seus currículos ou somente para ficarem enriquecidos com conhecimentos gerais.
( ) Programas com critérios de avaliação bem definidos.
( ) Relatórios somente com informações quantitativas, sem esclarecer quais os resultados das ações de T&DE para a organização.

Assinale a alternativa que corresponde à sequência correta:

a) V, V, V, V, V.

b) V, V, F, V, V.

c) V, F, V, V, V.

d) V, V, V, F, V.

(5)

Metodologia para o
levantamento das
necessidades de T&DE

Rosane Santos Ribeiro

Dando prosseguimento ao capítulo anterior, abordaremos, neste capítulo, algumas técnicas e instrumentos para o levantamento das necessidades de treinamento, desenvolvimento e educação (T&DE), sob a perspectiva da metodologia de pesquisa.

(5.1)
Estratégias para o levantamento das necessidades de T&DE

Existem diferentes estratégias utilizáveis para o levantamento das necessidades de T&DE, porém:

> *antes da definição dos métodos e das técnicas a serem utilizadas na pesquisa é importante conhecer a realidade da organização na qual se realiza o diagnóstico. Além de entrevistas com os demandantes da atividade, são planejadas ações que possibilitem identificar as competências organizacionais[...].*
> (Guimarães; Bruno-Faria; Brandão, 2006, p. 224)

À título de pesquisa preliminar, podemos conversar e/ou entrevistar integrantes da organização que ocupam funções nos diferentes níveis (estratégico, tático e operacional) e fazer algumas observações que forneçam informações relativas ao funcionamento e à dinâmica dos processos organizacionais, como, por exemplo, sobre as falhas na comunicação que tenham sido observadas.

No Quadro 5.1, podemos encontrar algumas sugestões de métodos e de técnicas quantitativas e qualitativas, com seus respectivos instrumentos e fontes. Ressaltamos que é senso comum a concepção de que devemos utilizar, simultaneamente, os métodos descritivos e os quantitativos, porque, juntos, eles nos permitem uma interpretação clara dos dados coletados.

Quadro 5.1 – Principais métodos para o
levantamento das necessidades de T&DE

INSTRUMENTO	Questionário com escalas padronizadas Entrevista estruturada Entrevista não estruturada
PESQUISADOR	Observação sistemática Escalas de medição Registro de impressões
ESPECIALISTAS/ TERCEIROS	Avaliações Entrevista estruturada Tempestade de ideias
ARQUIVO	Dados gravados Documentos pessoais

FONTE: ADAPTADO DE GUIMARÃES; BRUNO-FARIA; BRANDÃO, 2006, P. 225.

Antes de definirmos quais instrumentos de pesquisa serão utilizados para o levantamento de necessidades, é preciso definirmos as estratégias que serão utilizadas para essa fase do processo. Felippe (2006) sugere algumas estratégias para o levantamento de necessidades de aprendizagem, segundo o cargo/função, conforme podemos conferir no Quadro 5.2.

Quadro 5.2 – Estratégias para o levantamento de necessidades de aprendizagem

Cargos	Técnicas/Instrumentos
Supervisão	Entrevistas individuais
Técnicos	Entrevistas e questionários
Administrativos	Questionários
Operacionais	Questionários Observação nas áreas Entrevistas por amostragem Entrevista individual (quando necessário)

Fonte: Felippe, 2006, p. 19.

Tanto a definição dos métodos e das técnicas quanto a construção dos instrumentos de coleta dos dados merecem alguns cuidados para que possamos garantir um número maior de informações mais precisas em relação às carências de desenvolvimento de competências. E, nessa fase, o método de pesquisa pode ser muito útil.

A seguir, apresentamos um roteiro, desenvolvido por Mattos (1985) para o levantamento de necessidades de aprendizagem, que envolve uma concepção democrática, onde todos os segmentos são envolvidos na coleta e análise de dados, para o diagnóstico das necessidades de T&DE. O autor indica a utilização de amostras por setores e por processos organizacionais, por impossibilidade de envolver todos os funcionários da organização.

- 1º PASSO: realização de entrevistas individuais envolvendo todos os funcionários da direção superior.
- 2º PASSO: buscar informações com os funcionários-amostra sobre seu próprio desempenho e solicitar que eles coletem informações junto aos colegas ausentes.
- 3º PASSO: com base nessas amostras, formar grupos com os seguintes objetivos:
  - consolidar os dados levantados individualmente;
  - gerar novas informações, através de debate;
  - propor alternativas de solução.
- 4º PASSO: cada um desses grupos elege uma pequena equipe (três ou quatro membros) para:
  - consolidar as informações grupais por área de concentração;
  - analisar as propostas de solução, ampliando-as, corrigindo-as ou eliminando-as.
- 5º PASSO: cada equipe elabora um relatório sucinto sobre necessidades priorizadas.
- 6º PASSO: a equipe responsável pelos programas de T&DE da empresa elabora um relatório global, com base nos relatório elaborados por todas as equipes.

Todo esse processo é acompanhado e dirigido pelos especialistas de T&DE da empresa. Além disso, os componentes das equipes passam a desempenhar o papel permanente de representantes dos segmentos organizacionais, ou seja, passam a atuar como elos entre a área de T&DE e a organização.

(5.2)
Metodologia de pesquisa para a coleta de dados

Para o levantamento das necessidades de treinamento, desenvolvimento e educação, podemos nos basear na metodologia de pesquisa, pois isso dará mais credibilidade para as propostas de T&DE que emergirem das necessidades identificadas.

A seguir, serão elencadas algumas etapas desse tipo de metodologia.

1ª Etapa – Delimitação da população da pesquisa

O pesquisador decide quais níveis da organização, quem e quantas pessoas serão envolvidas no levantamento de necessidades de T&DE. O ideal é envolver a clientela a ser atingida no processo diagnóstico, através de amostras representativas[a].

2ª Etapa – Escolha do método de coleta de dados

O segundo passo para o levantamento das necessidades refere-se à definição de como será realizada a coleta de dados, ou seja, é o momento da escolha do método dessa coleta. Essa definição depende do alcance que a pesquisa deve ter e do tempo disponível para tanto.

Alguns métodos, técnicas e instrumentos utilizados para a coleta de dados são: a entrevista, a observação, a pesquisa documental e o questionário.

---

a. Para as amostras representativas, existem regras de estatística.

- ENTREVISTA: ela pode ser estruturada (com perguntas preestabelecidas) ou semiestruturada (quando é possível fazer questionamentos não previstos no roteiro). Além disso, podemos entrevistar as pessoas individualmente ou em grupo.
- OBSERVAÇÃO: essa atividade serve como complemento aos diversos tipos de levantamento de dados.
- PESQUISA DOCUMENTAL: é uma etapa que envolve a análise de diferentes documentos, tais como: documentos de arquivo; cartas; ofícios; memorandos; boletins; diários; fotografias; gravações; regulamentos etc.
- QUESTIONÁRIO: ele é composto por uma série ordenada de perguntas (abertas ou fechadas) que devem ser respondidas, preferencialmente, sem a presença do pesquisador, para evitar interferências. É ideal para um grande número de pessoas, mas a interpretação dos resultados nem sempre é fácil.

Para o questionário ser um instrumento de pesquisa eficaz, é importante atentarmos para algumas questões, tais como:

- FIDEDIGNIDADE: ou seja, qualquer pessoa que aplique o questionário obterá sempre os mesmos resultados?
- VALIDADE: os dados obtidos são todos necessários à pesquisa? Nenhum fato, dado ou fenômeno foi deixado de lado na coleta?
- OPERATIVIDADE: o vocabulário é acessível a todos os pesquisados, ou seja, todos entenderão o significado das questões? (Lakatos; Marconi, 2007)

Block (1991) aconselha que distribuamos questionários, façamos entrevistas, participemos de reuniões, estudemos relatórios, enfim, façamos coleta de informações até estas começarem a ficar repetitivas.

3ª Etapa – Resumo dos dados

Nessa fase, os dados coletados devem ser resumidos e organizados, a fim de facilitar a análise e interpretação dos mesmos.

4ª Etapa – Análise dos dados

Essa fase corresponde à busca de respostas para os seguintes questionamentos: O que significam as informações? O que é importante?

5ª Etapa – Feedback

Para quem serão fornecidos os resultados da análise dos dados coletados e as respectivas recomendações? Como as pessoas que se envolveram na pesquisa/estudo vão conhecer os resultados?

Um dos grandes objetivos de tratarmos o levantamento de necessidades como um método de pesquisa, é que, dessa forma, é possível evitar (em seu grau máximo) a tendenciosidade.

A título de ilustração, apresentamos a seguir um modelo de instrumento que serve para orientar a identificação das necessidades individuais de T&DE. A metodologia indicada para a utilização desse instrumento é a participativa, ou seja, cada chefia (ou coordenação) é responsável pelo preenchimento do formulário; mas, para tanto, deve envolver os integrantes de sua equipe. O interessante nesse tipo de metodologia é a vivência, por meio da qual as pessoas podem obter alguns aprendizados, tais como: desenvolver a capacidade de autoanálise e a habilidade de relacionamento interpessoal; aprender a dar e receber *feedback* etc.

Quadro 5.3 – Modelo de instrumento de levantamento de necessidades de desenvolvimento [1]

GRUPO DE RECURSOS HUMANOS Coordenadoria: .... Coordenador: .... Serviço: .... Nome da Chefia: .... Unidade/Seção: .... Nome da Chefia:			IDENTIFICAÇÃO DE NECESSIDADES DE CAPACITAÇÃO E DESENVOLVIMENTO Data de Entrega: ..../......../........ Data de Devolução: ..../......../........		
QUAL A SITUAÇÃO, EM SUA ÁREA DE TRABALHO, QUE REQUER CAPACITAÇÃO E DESENVOLVIMENTO?	O QUE DEVE SER TREINADO? Assunto ou conteúdo do treinamento.	POR QUE DEVE SER TREINADO? Objetivos ou resultados esperados.	QUEM DEVE SER TREINADO? Nomes, cargos e números de funcionários.	COMO DEVE SER TREINADO? Tipo de atividade; curso formal interno ou externo, aprendizagem no próprio cargo, seminários, congressos etc.	QUANDO DEVE SER TREINADO? Datas e horários mais adequados.	INDICADORES DE CONTROLE. Verificação dos resultados do treinamento.
Exemplo: implantar um novo sistema de informática XXXX na área e no XXXX.	Exemplo: conhecimentos básicos do Sistema Operacional Windows® e introdução ao Sistema XXXX.	Exemplo: para obter agilidade e disponibilização das informações na área de trabalho.	Exemplo: todos os usuários do sistema: 15 auxiliares; 03 técnicos.	Exemplo: curso formal interno com o GSIS.	Exemplo: janeiro/fevereiro, no turno da tarde.	Exemplo: redução em 20% no tempo de atendimento ao cliente.

Nota: [1] Para o planejamento das intervenções educativas, devemos necessariamente compatibilizar as respostas obtidas nesse instrumento com as necessidades e as expectativas da organização.

(.)
Ponto final

Abordamos, neste capítulo, os métodos e as técnicas para o diagnóstico das necessidades de T&DE, apresentando alguns modelos, técnicas e instrumentos para a coleta de dados. Analisamos também o diagnóstico sob a perspectiva da metodologia de pesquisa, visanda aos cuidados a serem observados quando da coleta dos dados.

Indicação cultural

BORGES-ANDRADE, J. E.; ABBAD, G. da S.; MOURÃO, L. (Org.). *Treinamento, desenvolvimento e educação em organizações e trabalho.* Porto Alegre: Artmed, 2006.

Atividade

1. Avalie se as alternativas a seguir são verdadeiras (V) ou falsas (F):
   ( ) É indicada a utilização simultânea de métodos descritivos e quantitativos, porque, juntos, eles permitem uma interpretação mais clara dos dados coletados.
   ( ) Documentos de arquivo, cartas, ofícios, memorandos e boletins são alguns dos elementos utilizados em uma pesquisa documental.
   ( ) Na linguagem da metodologia de pesquisa, dizer que um instrumento de coleta de dados é fidedigno, significa que qualquer pessoa que o aplique obterá sempre os mesmos resultados.

( ) Na metodologia de pesquisa, um instrumento de pesquisa tem validade quando o vocabulário é acessível a todos os entrevistados.

( ) Devemos ter um certo cuidado na elaboração das perguntas fechadas de um questionário, para evitar que se deixe de verificar na pesquisa algum aspecto relevante.

Assinale a alternativa que corresponde à sequência correta:

a) V, V, V, V, V.

b) F, F, F, V, F.

c) V, V, V, F, V.

d) F, V, V, F, V.

(6)

Planejamento, execução
e gestão de programas
de T&DE

Rosane Santos Ribeiro

Neste capítulo analisaremos algumas questões relevantes que devem ser levadas em conta no processo de planejamento, incluindo a definição dos objetivos dos programas e planos, bem como a execução e gestão do processo de treinamento, desenvolvimento e educação (T&DE).

(6.1)
Planejamento de T&DE

Para que o T&DE seja efetivo, o seu planejamento deve partir das necessidades intraorganizacionais (nas dimensões individuais, grupais/setoriais, organizacionais) e das necessidades externas à organização. No segundo caso, embora digamos "necessidades externas", estamos nos referindo àquelas que atingem a empresa direta ou indiretamente, tais como fornecedores, clientes, comunidade etc. Lembrando sempre: as questões internas ou externas à organização funcionam em uma interação dinâmica e complexa.

Todo planejamento deve responder às seguintes questões: Por quê? Para quê? O quê? Quem? Como? Com quê? Por quem? Quando? Onde? Quanto?

Quadro 6.1 – Questões para planejamento de T&DE

POR QUÊ?	Quais são os problemas e necessidades organizacionais – a curto, médio e longo prazos – passíveis de solução via treinamento, desenvolvimento e educação? A quais necessidades de aprendizagem pretendemos atender? Quais as competências a serem desenvolvidas?
PARA QUÊ?	Quais resultados esperamos obter no âmbito organizacional? Quais repercussões das ações de T&DE esperamos que ocorram na organização?
O QUÊ?	Quais os objetivos a serem atingidos?
QUEM?	Qual será a população-alvo?
COMO?	Quais as estratégias e políticas a serem adotadas? É um programa de longo prazo? Quais as atividades a serem desenvolvidas? Quais os procedimentos para controle e avaliação do programa?
COM QUÊ?	Que recursos físicos e materiais serão necessários?
POR QUEM?	Quais serão as pessoas envolvidas (coordenadores, técnicos, instrutores, pessoal de apoio etc.)? Quais serão os responsáveis pelas atividades que serão desenvolvidas?
QUANDO?	Em que período será realizado?
ONDE?	O programa será realizado internamente (nas dependências da empresa) ou externamente?
QUANTO?	Que recursos financeiros serão necessários?

Nosso objetivo é demonstrar que todo planejamento envolve um processo de reflexão abrangente, no qual as informações são processadas e transformadas em PLANOS e PROGRAMAS.

Embora a palavra *programa* também possa ser usada para se referir ao componente de um plano, em T&DE o mais comum é ela representar algo mais amplo, composto por planos específicos que, por sua vez, consistem em um maior detalhamento sobre conteúdos e procedimentos de cada proposta constante do programa.

Para tornar esse processo objetivo inserimos, no Anexo 1 desta obra, o exemplo apresentado por Macian (1987), ou seja, o modelo de um *Programa de Modernização do Sistema de Transporte* que contém o plano: *O motorista eficaz e a imagem da empresa*. Esses dois modelos são interessantes para o nosso estudo, pois ilustram a diferença existente entre o programa e o plano.

O PROGRAMA apresenta objetivos gerais, que representam resultados que devem ser obtidos na organização (*1. atender às necessidades qualitativas e quantitativas do usuário; 2. oferecer um esquema de apoio à proposta de ampliação dos serviços de transporte*), enquanto os objetivos do PLANO retratam os resultados necessários para os indivíduos em termos de aprendizagem (*os motoristas devem garantir um atendimento eficaz e a manutenção de uma imagem positiva da empresa, junto aos clientes*).

Outra diferença: o programa deve prever os planos que o compõem, como no exemplo a seguir, em que estão previstos cinco planos:

1. *o motorista eficaz e a imagem da empresa;*
2. *treinamento operacional de mecânicos;*
3. *higiene e segurança nas oficinas;*
4. *desenvolvimento de liderança de equipes;*
5. *integração de novos funcionários.*

Graceffi (2006, p. 25) sugere o seguinte roteiro para o planejamento das ações de T&DE:

a. *quantificar o treinamento necessário;*
b. *definir a época ideal para o treinamento;*
c. *classificar as necessidades quanto ao conteúdo;*
d. *eleger a metodologia para cada necessidade de T&DE;*
e. *documentar os eventos de treinamento;*

f. programar os eventos de treinamento;
g. identificar os recursos internos e externos que devem ser mobilizados;
h. orçar os investimentos;
i. apresentar o plano de treinamento: obter aprovação.

Seguir esse roteiro significa termos acesso às informações necessárias para a implementação dos programas e planos de T&DE, inclusive a aprovação do orçamento por parte da diretoria da organização.

(6.2)
Transformando necessidades em programas e planos de T&DE

A primeira coisa na qual devemos pensar, quando vamos empreender o planejamento dos programas de T&DE, é na elaboração dos objetivos, os quais devem emergir das necessidades identificadas no diagnóstico.

A definição das ações de T&DE a serem implementadas deve ocorrer em função dos objetivos dos programas, como os exemplos a seguir demonstram.

- PROGRAMAS VOLTADOS PARA O DESENVOLVIMENTO DE COMPETÊNCIAS INDIVIDUAIS: desenvolvimento de conhecimentos, habilidades e atitudes (CHA)[a] necessárias às competências requeridas pelo cargo ou função.
- PROGRAMAS VOLTADOS PARA A IMPLEMENTAÇÃO DE PROJETOS E ESTRATÉGIAS ORGANIZACIONAIS: projetos e atividades visando o desenvolvimento das competências

---
a. A sigla CHA tem sido muito usada para designar "conhecimentos, habilidades e atitudes".

individuais e/ou grupais necessárias para a implementação de determinados projetos, que vão desde a aquisição de novas tecnologias até as perspectivas definidas no planejamento estratégico da organização.

- PROGRAMAS VOLTADOS PARA A RACIONALIZAÇÃO DOS PROCESSOS ORGANIZACIONAIS: projetos e atividades que visam aprimorar as relações de trabalho entre duas ou mais funções que se inter-relacionam em determinados processos de trabalho. Para isso, são envolvidos todos os componentes do mesmo processo, equipe ou setor.

Os OBJETIVOS DE APRENDIZAGEM propostos nos programas de capacitação, aperfeiçoamento e/ou desenvolvimento devem expressar as competências, habilidades, conhecimentos e/ou atitudes que se espera sejam desenvolvidos pelos participantes. São conhecidos como *objetivos de aprendizagem*, porque o propósito de quem ensina é sempre o aprendizado do outro.

Cabe, aqui, destacarmos as definições de CHA e competências porque são esses os conceitos adotados neste estudo.

- CONHECIMENTO (SABER): compreende uma série de significados desenvolvidos pelo indivíduo para melhor compreensão da realidade.
- HABILIDADE (SABER FAZER): diz respeito à capacidade de usar o conhecimento para fazer algo, pode ser até a condição de emitir uma opinião a respeito de alguma coisa.
- ATITUDES (SABER SER): diz respeito à predisposição do indivíduo, isto é, a "respostas automáticas e inconscientes a estímulos percebidos pelo indivíduo, com componentes motores, racionais e emocionais" (Graceffi, 2006).
- COMPETÊNCIA (SABER FAZER RESULTADOS): quando falamos em competências individuais, estamos sempre nos referindo a uma ação eficaz, ou seja, os resultados esperados foram atingidos; mas sem esquecer que essa ação é resultante da combinação de CHA.

Os objetivos dos programas de T&DE têm como função: esclarecer os desempenhos visados; guiar a seleção e a organização do conteúdo, a seleção e a organização dos procedimentos (métodos e estratégias de ensino), bem como a seleção dos recursos; além de permitir maior precisão na definição dos critérios e indicadores para a avaliação. As questões que precedem a formulação dos objetivos são feitas em relação aos participantes ou em relação à matéria de ensino.

Em relação aos participantes

- Qual é o nível atual do desenvolvimento dos participantes? Quais as suas necessidades? E os seus interesses?
- Que atividades espera-se que os indivíduos venham a desempenhar? E quais os problemas que provavelmente encontrarão?

Em relação à matéria de ensino

- Que tipos de aprendizagem resultam do estudo dessa matéria?
- Que contribuições o estudo dessa matéria poderá trazer para o desenvolvimento do indivíduo?

A reflexão sobre essas questões é que subsidia a tomada de decisão do instrutor em relação aos objetivos educacionais, evitando que tempo e esforços sejam despendidos em coisas de menor importância.

Exemplo de objetivo de aprendizagem

Ao final da capacitação, os participantes deverão ser capazes de utilizar os equipamentos de audiovisual de acordo com as normas técnicas.

Execução e gestão de programas de T&DE

Como a implementação dos planos e programas de T&DE envolve uma série de procedimentos e atividades, os quais vão desde questões técnicas e administrativas até as operacionais, que se não forem observadas podem comprometer o processo de ensino-aprendizagem. Nesse caso, um *checklist* pode ser muito útil para a organização dos eventos.

Graceffi (2006) indica alguns procedimentos para serem postos em prática após a aprovação dos programas. São eles:

- organizar e delegar responsabilidades;
- expor os planos aos executores;
- divulgar o programa de treinamento;
- produzir os materiais e os programas especiais de computador;
- programar o uso das salas, locar salas para cursos externos;
- programar e/ou prover os equipamentos necessários;
- controlar e avaliar os programas de autoestudo e treinamento prático;
- controlar a execução dos cursos presenciais; confirmar inscrições; reservar hotéis; prover orientações na chegada; avaliar a participação (presença, pontualidade, atitudes);
- fazer a avaliação pós-treinamento.

Especificando mais ainda os procedimentos necessários para a execução e gestão dos programas de T&DE, com base nas orientações de alguns autores, entre eles Freire e Pena, citados por Boog (1994) e também Krohnert (2001), organizou-se um *checklist* (que transcrevemos na sequência) em relação a várias situações desse processo.

Em relação à sala de aula

- O tamanho da sala dependerá de dois fatores: a finalidade e o número de participantes.
- Sala de aula com cadeiras de braço: espaço de 2 m a 2,5 m por pessoa.
- Sala de conferência com cadeiras e mesas completas: espaço de 2,5 m a 3,5 m por pessoa.
- Para calcular o tamanho necessário da sala, multiplique pelo número de participantes e acrescente um espaço para o facilitador e seus equipamentos.
- Assegure-se de que todos vejam e ouçam de maneira adequada.
- A arrumação das mesas e cadeiras em círculo sugere discussões/debates e colocadas em fileira, indica que a metodologia é centrada na atuação do facilitador.

No que diz respeito ao acesso

- Considerar como os participantes chegarão ao local do evento. O transporte público é suficiente? Tem estacionamento? Existe acesso adequado para deficientes físicos?

Em relação às instalações

- Como é o espaço destinado ao *coffee break*?
- Tem acesso ao telefone?
- Onde se localizam os banheiros? E as saídas de incêndio? Todas essas informações devem ser fornecidas aos participantes no início das atividades.

Sobre a metodologia

- Existe trabalho prévio? Se sim, quais as providências a serem tomadas?

- Serão realizadas atividades especiais? Que recursos requerem?
- Que equipamentos serão utilizados? Quais as especificações?

Recursos e equipamentos a serem providenciados

- flip-chart;
- quadro-branco;
- retroprojetor + lâmpadas para reposição;
- transparências;
- projetor de *slides*;
- projetor multimídia
- equipamento de som;
- equipamento completo de vídeo (TV, VT e câmera);
- computador;
- telão;
- telefone;
- microfone.

Em relação aos participantes

Verificar se houve envio prévio de informações sobre:

- o plano de ensino, para que os participantes tenham clareza sobre os objetivos do evento;
- a agenda do curso (atividades e horários);
- o endereço (inclusive a sala);
- o telefone e sistemas de recados;
- o clima da cidade onde será realizado o evento;
- os meios de transporte para acesso ao local de realização;
- os serviços incluídos e não incluídos na tarifa do hotel;
- os serviços disponíveis;
- as atividades de lazer existentes na cidade;
- a voltagem para aparelhos elétricos.

Providências comuns aos participantes e ao instrutor

Preparar um dossiê com os seguintes dados (principalmente com hospedagem em hotel):

- nome completo;
- endereço residencial e comercial;
- local de origem, definindo se é necessário providenciar hospedagem, reserva de passagens, apenas transporte ou também estacionamento;
- telefone para contato em caso de emergência;
- alguma doença que necessite de cuidados especiais (alergias, diabetes, problemas cardíacos etc.);
- restrição alimentar;
- outros.

(.)

Ponto final

Neste capítulo, vimos temas relacionados ao planejamento, execução e gestão de programas de planejamento de programas de treinamento, desenvolvimento e educação. Salientamos que uma das questões mais importantes, no planejamento dessas ações, refere-se à definição dos objetivos, até porque eles representam uma resposta às necessidades diagnosticadas.

Indicação cultural

BORGES-ANDRADE, J. E.; ABBAD, G. da S.; MOURÃO, L. (Org.). *Treinamento, desenvolvimento e educação em organizações e trabalho*. Porto Alegre: Artmed, 2006.

Atividade

1. Avalie se as afirmativas a seguir (V) ou falsas (F):
   ( ) Mesmo na pós-modernidade, percebemos que muitas empresas ainda estão presas aos conceitos tayloristas de treinamento, ou seja, com os objetivos de T&DE focalizando somente a capacitação dos indivíduos nas tarefas específicas das funções que exercem na empresa.
   ( ) Os objetivos de aprendizagem nascem das necessidades identificadas na organização, da mesma forma que a definição de conteúdos e a metodologia emergem dos objetivos.
   ( ) É muito importante que, ao se planejar intervenções educativas, no âmbito organizacional, tenhamos clareza sobre o "por quê" (necessidades identificadas), o "para que" (resultados esperados na organização), "o que" (objetivos de aprendizagem) e "para quem" (população-alvo).
   ( ) O mais comum é a palavra *programa* ser usada para se referir ao componente de um plano.
   ( ) Uma das funções dos objetivos dos programas de T&DE é permitir maior precisão na definição dos critérios e indicadores para a avaliação.

   Assinale a alternativa que corresponde à sequência correta:
   a) V, V, V, F, V.
   b) V, V, V, V, V.
   c) F, V, V, V, V.
   d) V, F, V, V, V.

(7)

Avaliação e validação de T&DE:
uma perspectiva sistêmica

Rosane Santos Ribeiro

Neste capítulo, abordaremos a avaliação e validação dos programas de treinamento, desenvolvimento e educação (T&DE), que, embora sejam apontadas pela NBR ISO 10015 como as últimas fases do ciclo de treinamento, na realidade, perpassam por todo o processo, como veremos na continuidade deste estudo.

(7.1)
Avaliação sob uma perspectiva sistêmica

Quando se fala em avaliação dos programas de T&DE, sob uma perspectiva sistêmica, significa que estamos buscando conhecer as consequências das intervenções educativas nos indivíduos, nos grupos e nos processos produtivos que ocorrem nas diferentes áreas e níveis organizacionais, ou seja, os resultados práticos causados por essas ações para a organização como um todo.

Sob uma abordagem sistêmica, podemos dizer que a AVALIAÇÃO serve para verificar a eficiência, a eficácia e a efetividade dos programas de T&DE, pois nos permite saber se:

- o processo transcorreu conforme o planejado, verificando, inclusive, se as pessoas aprenderam. Ou seja, nos permite constatar o grau de correspondência entre o processo de execução e o planejamento (EFICIÊNCIA);
- os participantes conseguiram aplicar, em seus trabalhos, os conhecimentos e habilidades desenvolvidas, atingindo, com isso, melhorias no desempenho da sua função (EFICÁCIA);
- essas melhorias trouxeram consequências no âmbito organizacional (EFETIVIDADE).

Para verificarmos se as intervenções implementadas foram eficazes e efetivas, é fundamental definirmos critérios e indicadores de avaliação, com base nos objetivos de aprendizagem fixados para os programas de T&DE, os quais, por sua vez, emergiram das necessidades diagnosticadas. Para esclarecermos melhor esse processo, vamos analisar um caso prático, através de uma empresa fictícia: a PCJ.

O caso da empresa PCJ

SITUAÇÃO: *uma pesquisa realizada em 2006, sobre o nível de satisfação dos clientes da Empresa PCJ, apontaram que 60% dos clientes estavam insatisfeitos em relação às informações, oferecidas pelos atendentes do SAC, sobre os produtos da empresa. Ao averiguarem as causas desse problema, os responsáveis pela empresa constataram que os atendentes possuíam um conhecimento muito limitado sobre os produtos que a empresa comercializava.*

SOLUÇÃO PARA O PROBLEMA: *uma das alternativas de solução para o problema identificado é a realização de um programa de capacitação.*

OBJETIVO DO PROGRAMA DE CAPACITAÇÃO: *ao final do programa, os participantes devem ser capazes de identificar todas as características, vantagens e formas de utilização dos produtos constantes no catálogo da empresa.*

CRITÉRIOS E INDICADORES DE AVALIAÇÃO:

- CRITÉRIOS: *conhecimento sobre produtos constantes no catálogo da empresa;*
- INDICADORES: *características, vantagens e formas de utilização dos produtos constantes no catálogo da empresa.*

Você conseguiu perceber, no EXEMPLO referente à empresa PCJ, como os critérios e os indicadores de avaliação foram definidos com base nos objetivos de aprendizagem da proposta de capacitação? Pois bem, é dessa forma que se estabelece a interdependência entre o diagnóstico das necessidades de T&DE e a avaliação de resultados.

(7.2)
Modelos teóricos de avaliação de programas de T&DE

Aqui, faremos uma breve explicação sobre alguns modelos teóricos no que se refere à avaliação dos resultados de T&DE, para que você possa fazer um paralelo entre eles. Destacamos aqui: o modelo dos níveis de efeito do treinamento; o dos quatro níveis; o de avaliação sistemática do treinamento; bem como o método de avaliação do retorno dos investimentos em T&DE. Fazemos uma ressalva especial no que diz respeito ao modelo dos quatro níveis, pois ele tem sido utilizado como referencial teórico nas diferentes metodologias utilizadas para avaliar os programas de T&DE.

Modelo dos níveis de efeitos do treinamento

Um modelo de sistema de avaliação bastante conhecido e tradicional é o de Hamblin (1978, p. 31), que também apresenta diferentes níveis de efeitos que os programas de treinamento e desenvolvimento podem provocar na organização, como é possível verificar na Figura 7.1.

É importante salientar que o modelo de Hamblin tem sido alvo de inúmeras críticas, pelo fato de sugerir uma relação linear de causa-efeito pois, nas palavras de Mattos (1985, p. 61), "ao contrário da visão tradicional de sucessão linear de causa-efeito, é arbitrário isolarmos uma fase da seguinte e identificarmos onde está a causa e onde está o efeito".

Devemos ter em mente que a avaliação dos efeitos do treinamento, em relação ao "comportamento no cargo", pode sofrer interferências de outras variáveis organizacionais, independente do fato de ter havido, ou não, o aprendizado.

Isso se explica porque "Um treinando pode reagir corretamente, mas sem aprender nada; ou poderá aprender sem aplicar o que aprendeu no emprego; ou poderá mudar seu comportamento no emprego, mas sem que isto afete as variáveis da organização" (Hamblin, 1978, p. 31).

Figura 7.1 – Níveis de efeitos do treinamento

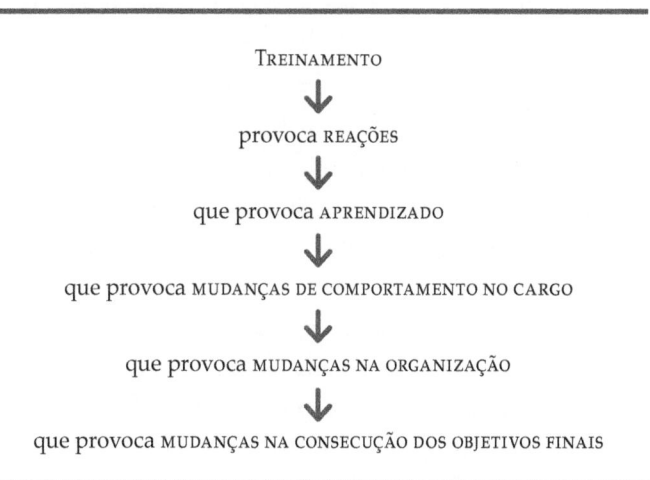

TREINAMENTO
↓
provoca REAÇÕES
↓
que provoca APRENDIZADO
↓
que provoca MUDANÇAS DE COMPORTAMENTO NO CARGO
↓
que provoca MUDANÇAS NA ORGANIZAÇÃO
↓
que provoca MUDANÇAS NA CONSECUÇÃO DOS OBJETIVOS FINAIS

FONTE: HAMBLIN, 1978, P. 21.

Com isso, podemos inferir algo conclusivo: avaliar os resultados dos programas de T&DE envolve uma reflexão crítica e profunda sobre diferentes variáveis organizacionais e suas respectivas interseções.

Modelo dos quatro níveis

Este é um dos modelos teóricos de avaliação mais utilizados nos programas de T&DE, também conhecido por *modelo de Kirkpatrick*, que é composto por quatro níveis: 1) avaliação de reação; 2) avaliação de aprendizagem; 3) avaliação do comportamento e 4) avaliação de resultados, como é possível verificar no Quadro 7.1 (Kirkpatrick; Kirkpatrick, 2006).

Os autores salientam que os níveis 1 e 2 servem para validar os programas de T&DE, enquanto os níveis 3 e 4 servem para avaliá-los.

Validar um programa de T&DE implica verificar se o processo ocorreu de acordo com o planejado, e se as pessoas aprenderam. Para verificar se houve aprendizado, salientam Boog e Boog (2001), é preciso comparar as competências de determinado público-alvo, após uma intervenção, com as necessidades identificadas.

Já a avaliação dos programas de T&DE refere-se aos resultados obtidos tanto no que diz respeito ao desempenho dos indivíduos no cargo quanto na organização como um todo. Mas, ainda segundo os autores, para tanto, é importante existirem parâmetros concretos (critérios, indicadores) previamente definidos.

Foi possível entender como o modelo proposto por Kirkpatrick nos ajuda a perceber a avaliação sob uma perspectiva sistêmica?

A decisão pelos métodos de avaliação para os programas de T&DE é fundamental, ainda mais quando trabalhamos sob uma perspectiva sistêmica. Apresentaremos, a seguir, algumas sugestões, com base nos quatro níveis (Kirkpatrick; Kirkpatrick, 2006).

Nível 1 – Avaliação de reação

Nesse nível, buscamos o *feedback* dos participantes sobre o programa, o facilitador, e, até mesmo, sobre a logística de T&DE. Essas informações servem para subsidiar novos planejamentos e novos projetos de melhoria.

Nessa fase, podemos usar de diferentes métodos investigativos, tais como: aplicação de questionários e/ou questionamentos direto com o grupo etc.

Quadro 7.1 – Níveis de avaliação

	Nível	Finalidades	Perguntas a serem respondidas
VALIDAÇÃO	1. Avaliação de Reação	<ul><li>Verifica o nível de satisfação dos participantes.</li><li>Avalia a reação dos participantes quanto ao conteúdo, à metodologia e à atuação do facilitador.</li></ul>	Como os participantes reagiram ao programa, ao facilitador, ao conteúdo e à logística?
VALIDAÇÃO	2. Avaliação de Aprendizagem	<ul><li>Verifica se os objetivos de aprendizagem foram alcançados.</li></ul>	<ul><li>Até que ponto houve aprendizagem?</li><li>Que competências e/ou habilidades, conhecimentos e atitudes foram desenvolvidas?</li></ul>
AVALIAÇÃO	3. Avaliação do Comportamento	<ul><li>Verifica se o aprendizado está sendo aplicado nas situações de trabalho.</li></ul>	1. Os participantes aplicaram as competências desenvolvidas? 2. Que condições organizacionais facilitaram e/ou dificultaram?
AVALIAÇÃO	4. Avaliação dos Resultados	<ul><li>Avalia os objetivos gerais do programa de educação (se foram atingidos).</li><li>Verifica a efetividade do programa em relação à missão e aos objetivos organizacionais.</li></ul>	1. Qual foi a real contribuição do programa em relação à missão e aos objetivos organizacionais? 2. Até que ponto os resultados ocorreram por causa do programa desenvolvido?

Fonte: Kirkpatrick; Kirkpatrick, 2006.

Com a avaliação de reação, buscamos conhecer a opinião dos participantes em relação ao(s):

- programa em si: duração, organização;
- conteúdo do programa: se ele veio ao encontro das necessidades e expectativas dos participantes, se os temas tratados têm aplicabilidade no trabalho;
- desempenho do facilitador: em termos de domínio sobre o assunto, metodologia de ensino, relacionamento interpessoal com o grupo etc.;
- recursos: se os equipamentos de audiovisual e materiais didáticos utilizados contribuíram para facilitar a aprendizagem;
- ambiente físico: se o ambiente físico é adequado para o desenvolvimento das atividades propostas;
- apoio logístico ao facilitador: se permitiu que o facilitador cuidasse somente das questões do ensino e da aprendizagem, sem se preocupar, por exemplo, se as guloseimas para o *coffee-break* já chegaram.

Nível 2 – Avaliação de aprendizagem

Avaliar a aprendizagem implica verificar se competências e/ou habilidades, conhecimentos e atitudes foram desenvolvidas, ou seja, se os objetivos de aprendizagem propostos foram atingidos.

Existem vários métodos para fazermos avaliação de aprendizagem, o que irá definir por um ou por outro são os objetivos propostos. Esse tipo de avaliação pode ser feito por meio de testes, simulações de situações, estudos de caso, solução de problemas e outras ferramentas.

Por exemplo: quando quisermos verificar se um indivíduo aprendeu a utilizar determinado equipamento, o método de demonstração pode ser o mais indicado. No entanto, se quisermos avaliar a capacidade de solucionar problemas, um estudo de caso pode ser um método eficaz. A simulação, por sua vez, pode ser utilizada para verificarmos se o participante desenvolveu determinadas habilidades e/ou competências, sendo que, para avaliarmos a aquisição de novos conhecimentos, o teste pode ser uma das escolhas.

Nível 3 – Avaliação do comportamento no cargo

Avaliar se o aprendizado está sendo aplicado nas situações de trabalho é fundamental quando se quer saber sobre a eficácia da intervenção realizada. Para tanto, podemos utilizar vários métodos e técnicas, entre eles, a observação, o autodiário, as entrevistas, os depoimentos das chefias, a avaliação do desempenho etc.

Para Palmeira (2006, p. 44), "a primeira avaliação desse nível pode acontecer trinta dias após o treinamento". A autora salienta, ainda, que há uma tendência para modificar o desempenho com o passar do tempo, bem como de "a curva de aprendizagem decrescer", por isso, a importância de realizar uma reciclagem das competências, o que pode ser uma tarefa da chefia imediata.

Nível 4 – Avaliação dos resultados

Nesse nível, vamos verificar se os programas desenvolvidos foram efetivos; se houve contribuição real em relação à missão, à visão e aos objetivos organizacionais; bem como até que ponto as mudanças ocorreram por causa do programa desenvolvido. Para "avaliar o impacto do treinamento nos resultados organizacionais", Palmeira (2006, p. 44) propõe três critérios para a avaliação de resultados:

1. QUANTIDADE: produtos ou serviços concluídos, número de clientes, pedidos atendidos e outros;

2. ECONOMIAS: diminuição de horas extras, de tempo parado, de atrasos, de afastamento por motivos de saúde, entre outros;

3. QUALIDADE: diminuição de queixas, aumento da satisfação do consumidor, diminuição do custo de refazer um produto, menos acidentes, menos erros, mais acertos, e outros.

Modelo de avaliação sistemática do treinamento

Schaan (2001) propõe a "avaliação sistemática do treinamento" (Quadro 7.2), concebida como um "processo de identificar, obter e proporcionar informação útil e descritiva sobre algo que está sendo julgado, promovendo sua compreensão, determinando o seu valor e/ou o seu mérito, tendo em vista a tomada de decisões e a solução de problemas" (Schaan, 2001, p. 13-14).

Como você pode verificar no quadro que acabamos de ver, a avaliação oportuniza o diagnóstico, propicia o acompanhamento e controle dos processos de ensino e aprendizagem e verifica os resultados obtidos no cargo. Porém, existe uma limitação nesse modelo, ele não propõe a verificação das consequências na organização, o que, hoje, é fundamental para possibilitar a aprovação de novos investimentos em T&DE.

Quadro 7.2 – Plano de avaliação de treinamento

Período	Objetivos	Objetos de avaliação	Critérios satisfatórios	Técnicas	Instrumentos
Antes do treinamento	Verificar as reais necessidades de treinamento.	Necessidades de treinamento.	Os dados obtidos devem ser precisos, claros, consistentes e adequados.	Análise Entrevista	Formulário específico
Durante	Acompanhar a execução do plano. Propor melhorias, se necessário.	Reações ao instrutor, ao conteúdo, à metodologia.	Reações devem ser positivas.	Entrevista	Questionário
Ao final	Verificar a eficiência do plano de treinamento.	Aquisição de conhecimentos dos participantes.	80% de acertos.	Teste Conhecimentos Análise	Teste
Após o treinamento	Verificar a eficácia do treinamento.	Solução do problema.	100% resolvido.	Observação Entrevista Análise	Ficha; observação; *checklist*; registros do setor

Fonte: Schaan, 2001, p. 36.

Método de avaliação do retorno dos investimentos em T&DE

Pomi e Navarro (2006, p. 52) apresentam o *Learning Value System* (LVS) como um processo metodológico utilizado para estabelecer o valor a retornar dos investimentos em T&DE.

Segundo os autores, o sistema LVS permite a identificação de "valores específicos, atuais e potenciais", antes e após a realização de um programa de T&DE, com base em duas categorias de indicadores de desempenho: os tangíveis e os intangíveis.

4. INDICADORES TANGÍVEIS:
   - quantidade: toneladas produzidas, itens vendidos, novas contas geradas, entre outros;
   - tempo: entrega no prazo, horas extras dos empregados, atendimento, entre outros;
   - custo: retrabalhos, reabilitação por acidentes, multas, meio ambiente, entre outros;
   - qualidade: perdas, rejeições, vencimentos, prazos de validade, entre outros;

5. INDICADORES INTANGÍVEIS:
   - clima organizacional: índices de satisfação, *turnover*, expectativas de permanência, entre outros;
   - oportunidade de crescimento: índices de desempenho, aproveitamento interno, expatriação e outros;
   - serviço ao cliente: sugestões submetidas, sugestões implementadas, novos produtos e serviços, entre outros;
   - hábitos de trabalho: absenteísmo, atrasos, tempo na internet, entre outros.

No entanto, de acordo com Pomi e Navarro (2006, p. 54), devemos lembrar que "Os indicadores tangíveis são sempre sustentados pelos indicadores intangíveis e vice-versa". Os mesmos autores ainda apresentam seis fases para o LVS:

> ### Fases do Learning Value System (LVS)
>
> FASE 1 – Situação: é um problema ou uma oportunidade; é o *status* do desempenho de alguém, ou de um grupo, antes da ação do T&D. O processo se dá por meio de uma série de perguntas aos gestores, que revelam e esclarecem o que as pessoas fazem de importante para a empresa, e como o fazem. Com esses conhecimentos, podemos estabelecer o nível de desempenho atual.
>
> FASE 2 – Intervenção: nessa fase é muito importante a conexão entre o diagnóstico do problema e as recomendação das ações de T&D a serem adotadas. No diagnóstico do problema, estudamos as razões do baixo desempenho: identificamos suas causas e provável solução, que pode ou não ser treinamento. A intervenção pode ser uma necessidade de revisão ou de melhoria dos sistemas, estrutura e processos, recursos humanos, materiais, tecnológicos etc. Para identificá-la, algumas questões são necessárias: há discrepâncias entre o desempenho atual e o desejado? Se a resposta for afirmativa, isso é relevante? Se for relevante, a pessoa poderia executar o seu trabalho mesmo assim? Se não pode executar o trabalho, seria porque ela não tem as habilidades e/ou as competências necessárias? Nesse caso, implementação de ações de treinamento e desenvolvimento poderia resolver a situação? Caso não seja uma questão de habilidade e/ou competência, o que poderia ser? E assim sucessivamente.

Fase 3 – Impacto: avaliar o percentual de mudança em relação à antiga situação encontrada. Quanto ganhamos, percentualmente, com as mudanças de atitudes, habilidades, comportamentos, resultados objetivos de trabalho, desempenho pessoal, departamental e empresarial?

Fase 4 – Valor monetário: aqui observamos os efeitos da mudança de desempenho, que podem ser expressos em termos financeiros. São medidas de diferença em qualidade, produtividade e serviço. Às vezes, o valor monetário é imediatamente evidente, tanto quanto o aumento da participação de mercado ou a margem de lucro em vendas. Outros resultados desejáveis, tais como, redução no tempo de comercialização, ou o aumento da satisfação do cliente, podem ser convertidos em dinheiro.

Fase 5 – Análise e cálculo das variáveis de contribuição: outros fatores ou variáveis de contribuição podem interferir em determinado resultado, por exemplo, uma nova abordagem de vendas, campanhas publicitárias, bônus aos empregados, alta ou queda da taxa de juros etc. No processo de trabalhar com as variáveis de contribuição, algumas etapas são importantes:

- definição dos *players* envolvidos (finanças, comercial, *marketing*, RH etc.);
- definição do método de acesso (metodologia de mensuração);
- identificação dos percentuais de contribuição;
- identificação do nível de concordância (entre os envolvidos).

FASE 6 – Cálculo do ROI: para o cálculo do *Return on Investment* (ROI) ou Retorno do investimento, em português, definimos, primeiro, o percentual do impacto do resultado desejado sobre o atual e o valor agregado por meio dos indicadores de desempenho. Podemos trabalhar com duas fórmulas: a primeira, relacionando custo × benefícios; a segunda, o valor agregado, deduzindo-se o investimento, com o valor do investimento, como a seguir:

Fórmulas:

1. Relação custo/benefício

$$\frac{\text{Valor agregado}}{\text{Investimento}}$$

2. ROI

$$\frac{\text{Valor agregado} - \text{Investimento}}{\text{Investimento}}$$

FONTE: POMI; NAVARRO, 2006.

Cabe salientar que, quando os programas são realizados fora da organização (por consultorias, instituições de ensino etc.), a avaliação deve acontecer por três pontos distintos: da organização que executou o programa; da organização cliente; do próprio treinando. Uma alternativa para esse tipo de situação é permitir ao próprio participante identificar o ciclo da avaliação completo, pois é ele a única pessoa que pode enxergar as ligações entre os diferentes níveis e, assim, avaliar a contribuição real do programa no qual participou (Hamblin, 1978).

É importante, também, atentar para o seguinte fato: seja qual for a nossa escolha em termos de métodos e técnicas, sempre nos depararemos com vantagens e limitações. Por exemplo, na aplicação de um questionário ao final de um programa, poderemos obter algumas respostas que não correspondem à realidade, seja porque as pessoas têm outros compromissos e querem se retirar o mais rápido possível, seja porque as pessoas sentem-se envolvidas emocionalmente com o facilitador.

Vale ressaltar, ainda, que continua sendo um grande desafio, para os profissionais responsáveis pelo T&DE, relacionar as mudanças ocorridas devido às ações de T&DE com os resultados de desempenho da empresa. E, para isso, é fundamental a definição dos indicadores que serão adotados para a avaliação (Milioni, 2004).

(.)

Ponto final

Estudamos, neste capítulo, a avaliação dos programas de T&DE sob uma perspectiva sistêmica, analisando diferentes modelos teóricos e a aplicação de métodos e instrumentos auxiliares, na avaliação e validação das ações educativas, no contexto empresarial.

Buscamos demonstrar que um sistema de avaliação eficaz nos permite saber: se o processo transcorreu conforme o planejado; se foram desenvolvidas as competências esperadas; se houve aplicação do que foi aprendido e se isso trouxe melhorias no desempenho das funções; e, por último, verificando se essas melhorias trouxeram consequências para a organização como um todo.

Procuramos, também, demonstrar a importância da avaliação como meio para a verificação da eficiência, da eficácia e da efetividade dos programas de T&DE, pois é o que pode nos garantir novos investimentos no desenvolvimento das pessoas na organização.

Em resumo, este capítulo tentou demonstrar que um dos principais objetivos da avaliação no contexto da educação corporativa é poder responder, aos gestores, o seguinte questionamento: qual é o retorno dos investimentos em T&DE?

Indicação cultural

MILIONI, B. *Indicadores da gestão de treinamento e desenvolvimento*. São Paulo: ABTD, 2005.

Atividade

1. Avalie se as afirmativas a seguir são (V) ou falsas (F):
   ( ) É fundamental para o sucesso da avaliação dos programas de T&DE que haja conexão entre os indicadores de avaliação e o diagnóstico das necessidades de desenvolvimento das competências individuais e/ou de grupo.
   ( ) Um sistema de avaliação dos programas de T&DE deve abranger tanto a avaliação de processos quanto a de resultados.
   ( ) De acordo com o modelo de Kirkpatrick, a validação de um programa de T&DE envolve as questões relacionadas ao processo, enquanto a avaliação verifica os resultados obtidos.
   ( ) O modelo Kirkpatrick de validação e avaliação propõe a avaliação de reação, de aprendizagem e de resultados.
   ( ) A avaliação da eficiência, da eficácia e da efetividade

dos programas de T&DE pode garantir novos investimentos no desenvolvimento das pessoas na organização.

Assinale a alternativa que corresponde à sequência correta:

a) V, V, V, V, V.

b) F, F, V, V, V.

c) V, V, V, F, V.

d) V, V, F, V, V.

(8)

Métodos e técnicas andragógicas para o T&DE

Rosane Santos Ribeiro

Neste capítulo, trataremos sobre as questões relacionadas à definição dos métodos e técnicas que favorecem a aprendizagem no contexto organizacional. Para tanto, abordaremos os princípios da educação de adultos, ou princípios andragógicos, os quais nos possibilitam uma melhor compreensão sobre como as pessoas aprendem – fator fundamental para os programas de teinamento, desenvolvimento e educação (T&DE) serem mais eficazes em termos de desenvolvimento das competências necessárias.

(8.1)

Andragogia

Uma situação de ensino-aprendizagem exige determinadas condições para que efetivamente se produza a modificação desejada. As condições internas de aprendizagem referem-se à motivação, à atenção e aos processos cognitivos dos indivíduos (fatores determinantes para a aprendizagem); os fatores externos referem-se à ação de quem ensina, que envolve métodos e técnicas de ensino.

Primeiramente, é importante ter em mente que, nas empresas, quando se fala em ensino-aprendizagem, refere-se basicamente à educação de pessoas adultas. Essa é uma questão importante quando se trata da definição de metodologias para os processos de ensino-aprendizagem nas organizações. Portanto, é nesse contexto que se insere a andragogia como "a ciência ou a arte de educar pessoas adultas" (Eboli, 2004, p. 33).

O termo *andragogia*, de origem grega, passou a ser bastante conhecido no meio organizacional na década de 1960, por meio dos estudos desenvolvidos pelo professor americano Malcon Knowles.

> ANDRAGOGIA *é um termo composto de* anner, andros *(cujo significado é homem, pessoa psicologicamente madura, adulta) e* agogus, *que significa "guiar", "conduzir".*

Quando se trata de educação, Knowles (1973) já salientava a necessidade de termos clareza da diferença entre a educação de crianças e a de adultos, porquanto o adulto tem a capacidade de fazer opções, decidir e tomar iniciativas. Para ilustrar, o autor reconhece, como educadores de adultos, os grandes pensadores da história da humanidade – Sócrates, Platão, Aristóteles, Lao Tse, Confúcio, entre outros – e salienta o fato de esses grandes mestres ensinarem com base no pressuposto de que a aprendizagem é um processo de descoberta de quem aprende, por isso, utilizavam procedimentos metodológicos que envolviam o "diálogo" e o "aprender fazendo".

Princípios da educação de adultos

A seguir, apresentamos alguns dos princípios norteadores, que devem ser levados em consideração quando se planeja ações de T&DE, apontados nos estudos desenvolvidos por Knowles (1973). Entre eles, tem-se os da autodiretividade, da experiência, da prontidão para a aprendizagem e da aplicabilidade, elencados a seguir.

1. PRINCÍPIO DA AUTODIRETIVIDADE: esse princípio salienta que o aprendiz adulto deve ser respeitado como um indivíduo possuidor da capacidade de se autodirigir e de dirigir a própria vida. O adulto rejeita qualquer situação na qual se sinta tratado como criança, ou seja, quando as condições são incoerentes com a sua situação de indivíduo autônomo. Com base nisso, podemos afirmar que o adulto deve ser o sujeito de sua própria aprendizagem.
2. PRINCÍPIO DA EXPERIÊNCIA: esclarece que o adulto possui uma diversidade de experiências e de aprendizados construídos ao longo de sua vida; por isso, ao entrar em um processo de aprendizagem, ele é menos dependente de professor, de especialistas e de livros-texto. Outra questão importante, refere-se ao fato de

o adulto desenvolver hábitos ao longo de sua vida, os quais, muitas vezes e inconscientemente, dificultam a adoção de novas maneiras de pensar (mudanças nos modelos mentais) e de agir. Nesse sentido, os métodos de ensino devem ter um caráter mais participativo, visando diminuir as resistências em relação a novas aprendizagens.

3. PRINCÍPIO DA PRONTIDÃO PARA A APRENDIZAGEM: esse princípio se refere à importância de as pessoas estarem motivadas/predispostas para o aprendizado. Para isso, é necessário que essas pessoas, a quem o aprendizado se destina, saibam quais são os objetivos da aprendizagem e é necessário, também, que sejam levadas em consideração as riquezas das experiências pregressas.

4. PRINCÍPIO DA APLICABILIDADE: esse princípio relaciona o interesse do adulto em aprender com o potencial de aplicabilidade do aprendizado na solução de problemas de seu dia a dia. Ou seja, o aprendiz adulto só se interessa por aquilo que lhe possibilite melhorar sua *performance* profissional ou, até mesmo, a sua qualidade de vida.

Com base nesses quatro princípios expostos, salientamos alguns aspectos que devem ser levados em consideração no planejamento das ações de T&DE. Entre eles destacamos processos e procedimentos como:

- DIAGNÓSTICO DAS NECESSIDADES DE APRENDIZAGEM: nessa fase, o aprendiz adulto deve ser envolvido, pois tem condições de realizar o diagnóstico de suas próprias necessidades de aprendizagem, as quais devem ser vinculadas às necessidades da organização.
- PLANEJAMENTO PARTICIPATIVO: o aprendiz adulto deve ser envolvido na formulação dos objetivos, os quais

devem retratar os aprendizados esperados em função das necessidades identificadas. O ideal é envolver no planejamento todos aqueles que serão afetados pelas ações educacionais, incluindo participantes, facilitador, representantes da instituição e da comunidade.

- Estrutura do programa: o programa deve ser estruturado em blocos, contendo variados tipos de atividades, como plenário, pequenos grupos, equipes por projetos, leituras etc. A experiência educacional adequada deve ter uma sequência, ou seja, cada atividade deve ser desenvolvida com base nos acontecimentos anteriores, deixando claro a inter-relação entre cada etapa ou atividade.

- Apresentação dos objetivos: um programa de T&DE deve, sempre, ser iniciado com a apresentação dos objetivos de aprendizagem e a identificação das expectativas e necessidades dos participantes. É claro que as necessidades e expectativas da organização promotora, em relação aos resultados de aprendizagem, também devem ser tratadas nesse momento.

- A sequência da aprendizagem: ela deve ser definida observando, primeiramente, a fase de desenvolvimento do aprendiz e não a lógica do conteúdo programático ou as necessidades organizacionais. O princípio central de organização das sequências de aprendizagem deve ser por áreas-problema, em vez de divisões lógicas por temas.

- Ambiente favorável ao aprendizado: é importante estabelecer um clima favorável, de respeito mútuo, entre os aprendizes e o facilitador. Uma convivência informal e agradável para a introdução de atividades nas quais os aprendizes consigam, sem constrangimento, admitir suas necessidades e sintam-se livres para escolher a forma de aprender. Para isso, podem ser utilizadas técnicas que explorem as experiências do adulto, como discussão em grupos, estudo de casos, incidentes críticos, simulações e dramatizações, exercícios práticos, pesquisa de campo, laboratórios, demonstrações, intervenção de grupos e seminários. Além disso, as experiências do grupo devem ser utilizadas para exemplificar ou ilustrar novos conceitos ou generalizações.

- APRENDIZAGEM SIGNIFICATIVA: é importante a criação de condições que minimizem a propensão do adulto a reagir defensivamente e/ou passivamente diante do aprendizado. Para tanto, é condição fundamental que o aprendizado seja significativo, de tal modo que o aprendiz adulto possa relacioná-lo com os seus objetivos, aspirações e forma de vida e, além disso, ele deve ter consciência sobre o reflexo que os novos conhecimentos podem acarretar e a relevância da nova aprendizagem em relação às suas experiências de vida.

É importante ressaltar, ainda, que os princípios da educação de adultos (andragogia) fundamentam-se com os da formação profissional e, principalmente, que ambos pressupõem que o adulto possui capacidade crítica e que é capaz de fazer opções, decidir, tomar iniciativas. Além disso, há o pressuposto que o adulto já teve experiências diferenciadas, que tem a consciência dos objetivos que deseja alcançar e exige respostas imediatas para suas necessidades.

(8.2)
Métodos e técnicas para intervenções educativas

Uma situação de aprendizagem exige determinadas condições para que efetivamente se produza a modificação desejada. Por isso, o multiplicador, como facilitador do processo de ensino-aprendizagem, deve estar atento às CONDIÇÕES INTERNAS E EXTERNAS da aprendizagem.

As CONDIÇÕES INTERNAS de aprendizagem referem-se à motivação, à atenção e aos processos cognitivos do treinando, os quais são considerados como fatores determinantes para a "prontidão para a aprendizagem".

Se partirmos do pressuposto de que o adulto só aprende "o que", "o quanto" e "quando" lhe interessa aprender, é preciso despertar-lhe o desejo de fazê-lo. E como fazer isso?

Uma das formas é determinar objetivos que venham ao encontro das necessidades dos indivíduos (objetivos realistas, específicos e concretos) e expressem claramente "para que" servirá o aprendizado proposto.

As CONDIÇÕES EXTERNAS referem-se a todas as estratégias utilizadas por quem ensina para facilitar a aprendizagem: aqui entram os métodos e as técnicas de ensino-aprendizagem.

Os métodos de ensino indicam o caminho, e as técnicas são as diferentes formas de percorrê-lo.

O método diretivo é aquele no qual o facilitador centraliza as decisões, determinando conteúdos, problemas, situações e formas de trabalhar em cada uma das propostas apresentadas, tendo o participante uma atuação mais passiva. As principais técnicas usadas no método diretivo consistem em exposições e palestras.

O método participativo é aquele no qual o participante passa a ter uma atuação mais ativa, inclusive participando das decisões. A maioria das técnicas de ensino são trabalhadas dentro dessa abordagem.

A escolha do método (diretivo/participativo) deve ser feita em função das necessidades dos indivíduos e do objetivo pretendido pelo facilitador. A dosagem metodológica é importante, alternando teoria e vivência, pois favorece a produtividade do grupo e a manutenção da motivação.

Valiukenas (2006) destaca os métodos EXPOSITIVO, DEMONSTRATIVO, SIMULAÇÃO e MONITORADO. Segundo a autora, eles podem ser usados isoladamente ou em conjunto, mas é importante a escolha do melhor método para o tipo de treinamento pretendido.

O MÉTODO EXPOSITIVO pressupõe uma aula expositiva, onde, mesmo sendo com uma exposição-dialogada, o centro da atenção sempre é a pessoa que ensina. No modelo andragógico busca-se centrar a atenção em quem aprende, por isso, é importante que esse método seja utilizado juntamente com outros a fim de garantir uma participação mais ativa dos aprendizes.

O MÉTODO DEMONSTRATIVO é muito utilizado para a exposição do objeto de aprendizagem; visa ao aprendizado de habilidades específicas.

Na SIMULAÇÃO, as pessoas executam determinadas tarefas ou vivenciam algumas situações que lhes levam a reflexões sobre suas práticas. Os jogos, as dramatizações, são técnicas que envolvem a simulação.

No MÉTODO MONITORADO, as pessoas executam determinadas atividades com assistência do especialista. Podemos citar, como exemplo, o treinamento *on the job*.

A seguir, apresentaremos algumas técnicas de ensino--aprendizagem e suas respectivas indicações, baseadas em Behmer (2002), Bordenave e Pereira (2005) e Gramigna (1995):

- PALESTRAS: indicadas para apresentações de curta duração sobre um tema específico, têm caráter informativo e podem gerar reflexões. São recomendadas para aperfeiçoamento e educação continuada.
- WORKSHOPS: têm caráter de formação e proporcionam o exercício dos conhecimentos em questão. São indicados para todos os tipos de intervenção.
- SEMINÁRIOS: compostos de forte bagagem conceitual. Geralmente, são realizados para disponibilizar informações quando os participantes já têm familiaridade com os temas. Também muito usado para investigar diversos aspectos de um problema.
- DISCUSSÃO EM PEQUENOS GRUPOS: essa técnica favorece a troca de ideias e de opiniões entre os componentes de um grupo relativamente pequeno (cinco a sete pessoas). A discussão nos pequenos grupos estimula a participação de todos, ouvindo um ao outro, analisando, refletindo e contribuindo com ideias. Existem várias formas de se realizar o trabalho em pequenos grupos.
- BRAINSTORMING (TEMPESTADE CEREBRAL): é uma técnica utilizada para estimular a criatividade dos participantes, visando à geração de novas ideias. Solicita-se ao grupo que deixe fluir sua imaginação, evitando a crítica. Essa técnica é muito utilizada nas empresas para a busca de alternativas inovadoras para a solução de problemas.
- ESTUDO DE CASOS: consiste em apresentar de forma sucinta uma situação real ou fictícia, para ser discutida em grupo. A forma de como apresentar o caso pode consistir em descrição, narração, diálogo, dramatização, filme, artigo jornalístico e outras. O estudo de

casos pode ser utilizado com diversos objetivos, tais como: desenvolvimento da capacidade analítica, interiorização de novos conceitos, capacitação para a tomada de decisões.

De acordo com o objetivo que perseguimos, existem dois tipos de casos: o caso-análise e o caso-problema. Com o caso-análise, o que pretendemos é que a situação seja discutida, sem aspirar chegar a alguma solução ou ao consenso geral. Já no caso-problema, devemos chegar a uma solução.

- TÉCNICAS VIVENCIAIS: propõem o "aprender fazendo", pois envolvem a reprodução de uma determinada situação na qual as pessoas podem exercitar uma competência ou habilidade, podendo repeti-la até atingir o resultado esperado. Segundo Gramigna (1995, p. 19), a aprendizagem vivencial "é a consequência do envolvimento das pessoas em uma atividade na qual, além de vivenciá-la, elas têm a oportunidade de analisar o processo de forma crítica, extrair algo útil dessa análise e aplicar o aprendizado em seu cotidiano".

Desse tipo de técnica, destacamos os JOGOS que são métodos de aprendizagem e envolvem a vivência de diferentes situações, propostas pelo facilitador. Para o jogo ser eficaz, Gramigna (1993) indica a aplicação do ciclo de aprendizagem vivencial, composto pelas seguintes fases:

- 1ª fase – PLANEJAMENTO E EXECUÇÃO: nessa fase, as pessoas planejam e executam as atividades propostas pelo facilitador.
- 2ª fase – RELATO DE EMOÇÕES: nessa segunda etapa, as pessoas relatam os sentimentos que elas sentiram durante o jogo (ansiedade, medo, euforia, tensão, frustração etc.).

- 3ª fase – ANÁLISE DO PROCESSO: após a execução das tarefas do jogo, as pessoas deverão analisar e discutir o processo do grupo, de tudo o que ocorreu no jogo (desde a fase de planejamento) e os resultados obtidos.
- 4ª fase – GENERALIZAÇÃO: nessa fase, o grupo deve comparar os resultados da análise que fizeram sobre a sua vivência no jogo com a realidade de seu dia a dia na empresa, buscando identificar diferenças e semelhanças.
- 5ª fase – APLICAÇÃO (do que foi vivenciado e discutido): completado o ciclo, as pessoas podem elaborar um plano de ação visando à melhoria dos processos organizacionais.

Outras técnicas para o desenvolvimento de pessoas têm sido muito utilizadas pelas organizações técnicas que envolvem acompanhamento e assessoramento individual. Entre elas, destacamos algumas das indicadas por Behmer (2002):

- JOB ROTATION: deslocamento de pessoas de uma função conhecida para outra menos conhecida para aprender com o exercício do cargo.
- ON THE JOB: é aprender realizando o trabalho, para o qual o funcionário foi contratado, com a orientação e supervisão de um padrinho, madrinha ou tutor. Indicado para treinamentos técnicos;
- COACHING: orientação personalizada que visa aperfeiçoar determinada competência comportamental. Indicado para pessoas em desenvolvimento, principalmente em posições de direção ou liderança.
- MENTORING: orientação personalizada que objetiva estimular as pessoas a solucionar problemas complexos, para avançar em determinados projetos.

(8.3)
Educação a distância

A educação a distância (EaD) é uma modalidade de ensino-aprendizagem que, segundo Behmer (2002), realiza-se por algum meio de comunicação a distância: livros, apostilas, CD-ROM, fitas de vídeo, computadores, internet etc. Além disso, essa modalidade envolve a utilização de métodos e técnicas de ensino, principalmente daqueles que promovem a interação entre os tutores e os próprios alunos, assim como no ensino presencial.

A educação a distância não é algo novo, pois estudos mostram que os primeiros treinamentos a distância foram realizados no século V pela Igreja Católica. E, nos últimos anos, tem sido muito utilizada pelas organizações, principalmente pelas universidades corporativas. Essa modalidade consiste em levar o participante, individualmente ou em grupo, a estudar determinados temas na extensão e profundidade desejada pelo orientador, com base em roteiro predefinido.

Esse tipo de ensino-aprendizagem favorece o trabalho dos participantes mais lentos, uma vez que cada um passa a estudar dentro de seu próprio ritmo. Levando em consideração as características do adulto, tem suas vantagens, pois o aprendente tem autonomia para decidir em que momento ele irá se "conectar".

Kanaane e Ortigoso (2001) afirmam que "a educação a distância como forma de disseminação do conhecimento é algo irreversível no cenário atual" e apresentam algumas das principais ferramentas disponíveis para essa modalidade de ensino e as agruparam em duas categorias:

Quadro 8.1 – Ferramentas para a educação a distância

SISTEMA	FERRAMENTAS
SISTEMAS DE TELECOMUNICAÇÕES	Audioteleconferência: utiliza-se das linhas telefônicas comuns, mediante conexões comutadas.
	Videoconferência: telerreunião de grupos de pessoas distantes, onde as pessoas se veem e interagem, muito semelhante às reuniões presenciais.
	Videotexto: sistema de transmissão de informações, mediante o emprego de tecnologia, informática e telefonia.
	Correio eletrônico: baseado na mesma tecnologia do videotexto, porém mais utilizado para comunicação pessoa a pessoa, tutoria ou comunicação de alunos, entre si.
	Internet: permite a busca de informações nos principais centros que as detêm.
SISTEMAS MULTIMÍDIA	Videodisco interativo: as imagens e os sons são gravados em um disco, semelhantes aos conhecidos *long play*.
	Disco compacto interativo (CDI): toda a informação contida em um CD-ROM.
	Vídeo digital interativo (DVI): informação de natureza digital.

FONTE: ADAPTADO DE KANAANE; ORTIGOSO, 2001, P. 42-43.

a) sistemas de telecomunicações; b) sistemas multimídia (Quadro 8.1).

Ainda de acordo com Kanaane e Ortigoso (2001), os sistemas multimídias são indicados para aprendizados como:

- aquisição de habilidades de comunicação e de relação para tratar, por exemplo, de clientes e de *marketing* de produtos;
- formação do pessoal dos serviços de assistência e preparação de equipes;
- aprendizagem de idiomas;
- aprendizagem difícil de adquirir na realização concreta (voos, conhecimentos relativos a centrais nucleares etc.).

As empresas, cada vez mais, têm adotado essa modalidade como forma de agilizar a aprendizagem no contexto organizacional, pois, por meio de ferramentas e *softwares* da tecnologia da comunicação e da informação, é possível atingir um número maior de pessoas e, também (ao mesmo tempo), são oferecidas oportunidades de aprendizado para aqueles que não podem se afastar dos seus postos de trabalho. Além disso, o EaD contribui para a redução dos custos com treinamentos e viagens.

(.)

Ponto final

O objetivo deste capítulo foi levá-lo à reflexão sobre os princípios da educação de adultos e as propostas metodológicas baseadas nos pressupostos andragógicos. Esses temas são muito importantes quando pensamos em desenvolver programas de capacitação para o trabalhador. Além disso, apresentamos alguns métodos e técnicas que levam em consideração os princípios da educação de adultos.

Buscamos demonstrar que os programas de T&DE não ocorrem, necessariamente, em uma sala de aula, pois existem outros métodos que podem ser até mais eficazes quando se trata da educação de adultos no ambiente organizacional, tais como: orientações em serviço, estágios, reuniões, intercâmbios, programas de autodesenvolvimento, rodízios, palestras, debates, grupos de estudo, *coaching* etc.

Mas cabe salientar que a eficácia desses métodos e técnicas depende da adequação aos objetivos e conteúdos a serem desenvolvidos, assim como às características dos participantes.

Indicação cultural

GRAMIGNA, M. R. *Jogos de empresa e técnicas vivenciais*. São Paulo: Makron Books, 1995.

Atividade

1. Avalie se as afirmativas a seguir são verdadeiras (V) ou falsas (F):
   ( ) Tratar erros como oportunidades de aprendizagem, e não como fatos geradores de punição, é um dos procedimentos indicados para programas de T&DE.
   ( ) Os princípios de andragogia fundem-se com os da formação profissional.

( ) Segundo o "princípio da autodiretividade", o adulto, ao entrar em um processo de aprendizagem, traz consigo uma diversidade de experiências e de aprendizados construídos ao longo de sua vida.

( ) O interesse em aprender do adulto é despertado à medida que ele consegue perceber o potencial de aplicabilidade do aprendizado na solução de problemas de seu dia a dia.

( ) Todo o programa de educação de adultos deve iniciar com a apresentação dos objetivos de aprendizagem e a identificação das expectativas e necessidades dos participantes.

Assinale a alternativa que corresponde à sequência correta:

a) V, V, V, F, V.

b) V, V, F, V, V.

c) V, V, F, V, F.

d) V, V, F, F, F.

(9)

Modalidades de
programas de T&DE

Rosane Santos Ribeiro

Existem diversos tipos de programas de treinamento, desenvolvimento e educação (T&DE) que podem ser desenvolvidos a fim de suprir as necessidades de capacitação que, por ventura, tenham sido identificadas no diagnóstico. Cada modalidade tem suas características próprias que precisam ser consideradas, já que visam a objetivos específicos e atendem às necessidades de diferentes públicos.

Nesse contexto, este capítulo tem como objetivo apresentar alguns dos diversos tipos de programas de T&DE desenvolvidos nas organizações, a fim de suprir as necessidades de capacitação que podem ser encontradas nesse meio.

(9.1)
Programas de integração de novo funcionário

As organizações modernas buscam integrar o novo funcionário através de programas específicos. Segundo Zakir (1994), devemos responder a duas questões básicas na seleção de objetivos e conteúdos para esses programas:

1. Quais as atitudes que se deseja que o novo funcionário apresente em relação à empresa?
2. Quais informações devem ser fornecidas para que essas atitudes se manifestem?

A autora salienta alguns itens que devem ser levados em consideração ao estruturarmos um programa de integração de novos funcionários, tais como:

- aspectos gerais da empresa: histórico e estrutura organizacional, área de atuação da empresa (o negócio), posição que ocupa no segmento de mercado, produtos e serviços, planos estratégicos (missão, visão e objetivos organizacionais);
- cultura da organização: um dos objetivos dos programas de integração dos novos funcionários refere-se à disseminação dos valores e crenças predominantes na organização;

- programas implantados que afetam a vida funcional: Qualidade e Produtividade, Times de Qualidade e outros programas participativos;
- benefícios oferecidos;
- políticas e procedimentos de concessão de benefícios;
- instituições internas: Cipa (Comissão Interna de Prevenção de Acidentes), clubes, associações etc.;
- normas de higiene e segurança do trabalho e patrimônio;
- políticas e normas gerais da administração de recursos humanos (salários, sistemas de avaliação, critérios e normas de promoção);
- especificidades do contrato de trabalho: tipo de contrato, direito/deveres, entre outros.

Somente a realização de programas de integração, desenvolvidos pela área de RH, não basta para garantir a integração do novo funcionário em sua função e equipe de trabalho. É fundamental o envolvimento da chefia desde o ingresso do funcionário na organização, principalmente na segunda etapa do programa: integrar o indivíduo no grupo, no seu trabalho e esclarecer as expectativas em relação ao seu desempenho.

Algumas empresas elaboram manuais de integração, os quais são entregues ao novo funcionário logo após a primeira etapa, onde constam todas as informações apresentadas.

(9.2)
Programas de estagiários, *trainees* e aprendizes

Os programas de estagiários, *trainees* e aprendizes, cada um com suas próprias características, atendem tanto às necessidades das organizações, no que diz respeito ao recrutamento e seleção de novos talentos, como as dos jovens que estão ingressando no mercado de trabalho, pois possibilitam o desenvolvimento de habilidades e a observação da atuação prática dos profissionais de diferentes áreas de formação.

Programas de estagiários

O estágio deve ser visto como um período de exercício pré-profissional (regido por legislação específica, com duração limitada e supervisionada) no qual o estudante estabelece contato direto com o ambiente de trabalho, desenvolvendo atividades pertinentes à área de conhecimento de sua formação (Leal, 2006).

Para que o estágio seja considerado tecnicamente adequado, deve existir uma relação direta das atividades desenvolvidas pelo estagiário com seu curso e com os objetivos previamente estabelecidos pela empresa. Além disso, a legislação exige a presença do agente de integração, que, além de auxiliar a escola/universidade na busca de novos talentos, divulga as oportunidades de estágio para os estudantes.

Programas de trainees

O programa de *trainee* é dirigido a recém-formados e é desenvolvido por meio de orientação, treinamento intensivo e ritmo de progressão salarial. A duração desse tipo de programa varia de seis meses a dois anos e, geralmente, envolve três etapas: treinamentos formais, treinamento *on the job* e projetos (Rittner, 1994).

Os treinamentos formais objetivam viabilizar ao *trainee* a obtenção de uma formação ampla sobre áreas de negócios e disciplinas essenciais correlatas, o conhecimento sobre o plano estratégico da empresa e, também, a aquisição de uma noção sobre valores, cultura, políticas e procedimentos corporativos.

O treinamento *on the job* (treinamento vivencial na área) é a etapa que permite ao *trainee* aplicar seus conhecimentos à prática e demonstrar sua capacidade de realização, ao mesmo tempo em que lhe possibilita a integração com os componentes do grupo ao qual irá pertencer.

O projeto pode ser utilizado como uma variação do treinamento *on the job*, onde é solicitada ao *trainee* a elaboração de um projeto, o qual poderá ser implantado pela organização.

O programa Menor Aprendiz

O programa "Menor Aprendiz" tem como objetivo propiciar qualificação profissional, associada ao processo educacional, a adolescentes carentes. Diferentemente do estágio, as empresas são obrigadas, por lei, a aderir ao programa "Menor Aprendiz" (Leal, 2006).

Para participar do programa, os jovens devem ter entre 14 e 16 anos e estar regularmente matriculados no ensino fundamental ou médio. O contrato de aprendizagem não pode ser estipulado por mais de dois anos e a jornada diária de trabalho é de seis horas. É possível o aumento dessa carga horária, desde que cumpridas algumas exigências, tais como: ensino fundamental completo e previsão de carga horária para estudos.

O aprendizado prático do menor aprendiz é feito nos cursos de instituições como Senai[a], Senac[b], Senar[c], entre outras.

(9.3)
Programas técnico-operacionais

Os programas técnico-operacionais são voltados para a capacitação, em termos de conhecimentos e habilidades específicas, de uma categoria profissional, ou seja, é o treinamento do "como fazer".

Para esse tipo de programa, pode ser utilizado o treinamento em serviço, a participação em programas externos de organizações especializadas no assunto.

Alguns aspectos a serem considerados no planejamento de programas técnico-operacionais são os seguintes:

- características do mercado de trabalho;
- descrição de cargos e/ou funções existentes na empresa ou em literatura especializada;
- estudos sobre o desenvolvimento tecnológico da organização;

---

a. (Serviço Nacional de Aprendizagem Industrial).
b. (Serviço Nacional de Aprendizagem Comercial).
c. (Serviço Nacional de Aprendizagem Rural).

- características do sistema de produção;
- sistema de avaliação de desempenho.

O treinamento interno tem a vantagem de identificar o funcionário com as diretrizes da empresa. A contratação de serviços externos, porém, pode tornar o treinamento menos dispendioso, por se tratar de organizações devidamente preparadas para determinados treinamentos, como o Senai e o Senac.

(9.4)
Programas de desenvolvimento de equipes

De acordo com Salomão (1994), algumas questões devem ser respondidas para que o facilitador possa planejar o seu trabalho e a equipe checar os aspectos factuais de sua realidade, identificando forças e fraquezas que facilitam ou dificultam o alcance de resultados. São elas:

1. *A equipe conhece claramente o seu papel e a contribuição que se espera dela para os resultados organizacionais?*
2. *A equipe adere a esses resultados? Sente sua importância, sua validade? Sente-se realizada por participar da conquista desses resultados?*
3. *A equipe está aberta a contribuir e receber contribuição de outras áreas? Percebe o impacto de suas ações nos processos dessas outras áreas?*
4. *A equipe gosta de seu trabalho e da sua própria contribuição? Sente-se reconhecida pelo que faz?*

5. O clima interno da equipe é voltado à contribuição e à sinergia? Ou à competição e ao individualismo?
6. A equipe tem um bom processo de comunicação interno? E externo?
7. A equipe percebe pontos fundamentais do trabalho em grupo?
8. A equipe sabe reconhecer e trabalhar produtivamente seus conflitos?

Podemos dizer, então, que o desenvolvimento de equipes de trabalho pressupõe um processo de aprendizagem contínuo, no qual os membros da equipe desenvolvem a capacidade de análise das forças e dificuldades enfrentadas pelo grupo ao longo dos processos produtivos, além de desenvolverem, também, a responsabilidade coletiva sobre os sucessos e fracassos do grupo.

(9.5)
Programas de desenvolvimento gerencial (DG)

Os programas de desenvolvimento gerencial (DG) são realizados pelas empresas para apoiar o desenvolvimento pessoal e profissional daqueles que ocupam cargos de chefia, supervisão, coordenação, executivos ou dirigentes da alta administração (Donadão, 2006).

Normalmente, esse tipo de programa visa atingir as necessidades e expectativas da empresa (negócio, perfil gerencial, habilidades específicas) e do próprio indivíduo (autodesenvolvimento), como você pode observar no exemplo que apresentamos a seguir.

Programa de desenvolvimento gerencial

MÓDULO 1 – *Discussão entre os dirigentes da empresa sobre planejamento, estratégias, negócios etc.*

MÓDULO 2 – *Atualizar conceitos técnicos e administrativos necessários à função gerencial, procurando desenvolver os níveis de capacitação técnica, política e relacional: análise de problemas; negociação;* know-how *técnico-administrativo; trabalho em equipe; gestão empresarial (manufatura, custos,* marketing *etc.); filosofias e técnicas de melhoria contínua (JIT, Kaisen etc.); papéis e poder gerencial; relacionamento interpessoal (*feedback, assertividade*).*

MÓDULO 3 – *Promover a instrumentalização para a implantação de planos de ação para melhoria e desenvolvimento de equipe.*

MÓDULO 4 – *Nessa fase, são realizadas reuniões periódicas para discussão de temas livres, bem como palestras e visitas abordando assuntos gerais, estratégicos e culturais.*

(9.6)
Projetos comunitários

A nova realidade socioeconômica na qual se inserem as organizações (públicas ou privadas), exige uma tomada de consciência sobre a sua função social. E, nesse contexto, as universidades corporativas têm tomado para si o gerenciamento de projetos comunitários. No Quadro 9.1, apresentamos exemplos de projetos comunitários.

Quadro 9.1 – Projetos comunitários

Projetos	Objetivos	Organização promotora
Meninfor	Programa de informática para adolescentes (SP e RJ)	Instituto C&A de Desenvolvimento Social
Programa de Saúde	Saúde preventiva infantil (unidades móveis de odontologia)	Instituto C&A de Desenvolvimento Social
CASA	Recuperação de meninos de rua	Instituto C&A de Desenvolvimento Social
Coopjovem	Desenvolve projetos semiprofissionalizantes, destinado a jovens carentes (entre 12 e 17 anos), atividades de marceneiro, horticultor, jardineiro e engraxate.	Prodesp – Companhia de Processamento de Dados do Estado de São Paulo

Fonte: Adaptado de Cunha; Ozores, 1994.

Existem organizações que cedem horas semanais de seus funcionários para prestarem serviços voluntários, voltados ao bem-estar social.

O desenvolvimento de projetos comunitários pode "desencadear um processo de conscientização em todos os níveis da organização quanto à mudança de atuação em prol da qualidade de vida na comunidade e facilitar aos participantes a oportunidade de se autoavaliar, transpor obstáculos, propor soluções mudanças" (Cunha; Ozores, 1994, p. 563).

(9.7)
Programas de formação de instrutores

Uma das ações estratégicas, adotada pelas organizações, tem sido a habilitação de profissionais para atuarem como multiplicadores, tanto de conhecimentos quanto de novos valores, visando ao desenvolvimento de talentos humanos que contribuam para a melhoria e inovação dos processos organizacionais.

Esse programa visa à preparação didática de instrutores de treinamento, envolvendo aspectos técnicos e comportamentais, fundamentado na convicção de que a eficácia do processo de ensino-aprendizagem depende de condições internas (de quem aprende) e de condições externas (planejadas e organizadas por quem ensina).

Romero (1998) salienta a necessidade de formação de instrutores de treinamento, já que esses profissionais não possuem formação didático-pedagógica, pois os instrutores, via de regra, são técnicos especializados, gerentes ou consultores que demonstraram possuir competência em determinadas áreas. A autora afirma também que "É fundamental que esse profissional domine pressupostos teóricos e os conceitos básicos de ensino-aprendizagem para que seus treinamentos se efetivem dentro de um processo eficaz, apresentando os resultados esperados".

Nesse modelo, Romero integra as três condições básicas para um profissional exercer a função de multiplicador: ele deve possuir uma formação e qualificação profissional adequada às necessidades da empresa; algumas características de personalidade e qualidades adequadas à função docente. Além disso, é fundamental o multiplicador possuir um embasamento didático-pedagógico. Esses requisitos devem ser utilizados tanto para subsidiar o processo seletivo quanto o planejamento do programa de formação de multiplicadores.

Figura 9.1 – Perfil do instrutor de treinamento

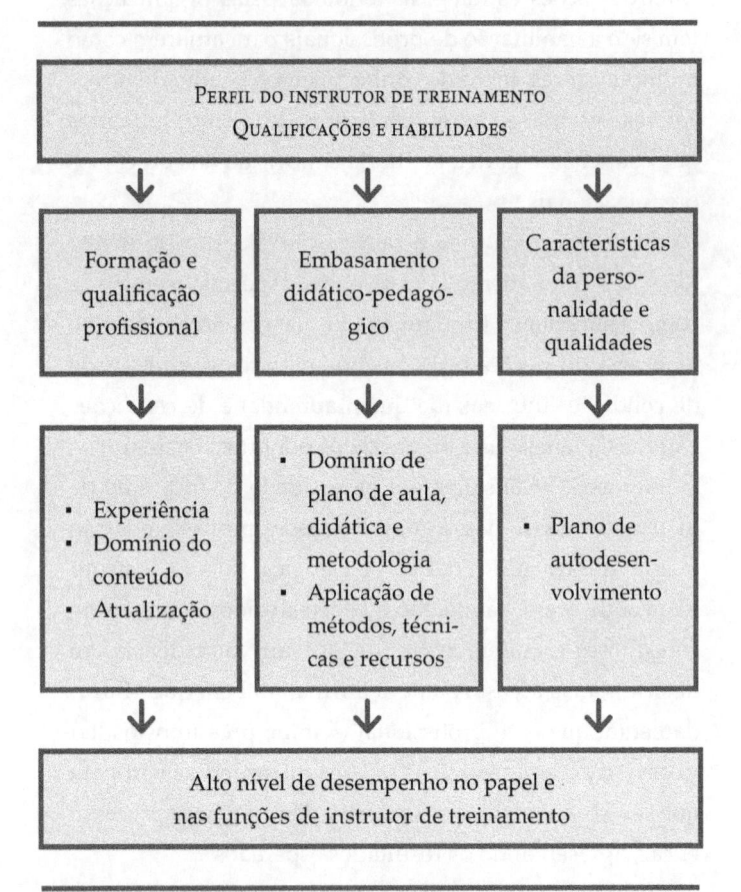

PERFIL DO INSTRUTOR DE TREINAMENTO
QUALIFICAÇÕES E HABILIDADES

- Formação e qualificação profissional
- Embasamento didático-pedagógico
- Características da personalidade e qualidades

- Experiência
- Domínio do conteúdo
- Atualização

- Domínio de plano de aula, didática e metodologia
- Aplicação de métodos, técnicas e recursos

- Plano de autodesenvolvimento

Alto nível de desempenho no papel e nas funções de instrutor de treinamento

FONTE: ADAPTADO DE ROMERO, 1998, P. 24.

(9.8)
Programas de desenvolvimento interpessoal

Os programas de DESENVOLVIMENTO INTERPESSOAL, segundo Castilhos (1994), podem ter dois grandes objetivos imediatos: em relação ao indivíduo e em relação ao trabalho em equipe.

1. EM RELAÇÃO AO INDIVÍDUO: autoconhecimento, desinibição, capacidade de lidar com seus próprios sentimentos e com suas limitações; capacidade de compreender melhor os outros etc.
2. EM RELAÇÃO AO TRABALHO EM EQUIPE: levar os participantes a atuar de maneira mais congruente; saber ouvir; saber falar com adequação; dar e receber *feedback*; desenvolver sua autonomia; desenvolver a sua liderança; desenvolver espontaneidade e franqueza.

A autora alerta para a diferença entre desenvolvimento interpessoal e psicoterapia de grupo, como podemos ver no Quadro 9.2.

Quadro 9.2 – Diferença entre psicoterapia de grupo e desenvolvimento interpessoal

Psicoterapia de grupo	Desenvolvimento interpessoal
\multicolumn{2}{c}{Objetivos}	
Visa ao ajustamento do indivíduo, por meio da reorganização de valores, necessidades e percepção.	Procura desenvolver habilidades sociais, como: saber ouvir, falar com adequação, tolerar diferenças individuais, conhecer-se melhor, aprender a dar e receber *feedback*.
\multicolumn{2}{c}{Conteúdo}	
Busca analisar situações do passado com interferência na atual.	Detém-se no que está ocorrendo nesse momento no grupo.
\multicolumn{2}{c}{Método}	
Visa à interpretação de níveis mais profundos da personalidade.	Procura refletir sobre atitudes e reações.
\multicolumn{2}{c}{Tempo}	
Varia conforme a linha teórica do facilitador.	Varia, porém raramente excede a 40 horas consecutivas.
\multicolumn{2}{c}{Facilitador}	
Propicia, através de sua experiência e referencial teórico, a emergência da atmosfera grupal.	O grupo exerce mais sua autonomia direcionando o seu trabalho.
\multicolumn{2}{c}{Participantes}	
Pessoas que buscam o tratamento.	Pessoas que buscam a melhoria nas relações interpessoais no trabalho.

Fonte: Castilhos, 1994.

A diferenciação entre esses programas é fundamental, caso contrário, o programa não atingirá os objetivos propostos. Além disso, a organização não é local para a terapia de grupo.

(.)
Ponto final

Apresentamos, neste capítulo, alguns dos programas de T&DE dos mais desenvolvidos pelas organizações em geral. E, ao pensarmos em desenvolver algum tipo de programa de T&DE, termos pleno conhecimento sobre as reais necessidades da organização e do contexto em que ela se insere, é de fundamental importância.

Indicação cultural

BOOG, G. G.; BOOG, M. T. (Coord.). *Manual de treinamento e desenvolvimento*: processos e operações. São Paulo: Pearson Education do Brasil, 2006.

Atividade

1. Avalie se as afirmativas a seguir são verdadeiras (V) ou falsas (F):
   ( ) É aconselhável que nos programas de integração de novos funcionários sejam incluídos temas relacionados aos programas desenvolvidos pela empresa, tais como: qualidade e produtividade, times de qualidade etc.

( ) O desenvolvimento das equipes de trabalho, pressupõe um processo de aprendizagem contínuo, no qual seus integrantes desenvolvem a capacidade de analisar as forças e dificuldades enfrentadas pelo grupo, ao longo dos processos produtivos, e que consigam perceber a responsabilidade coletiva sobre os sucessos e fracassos do grupo.

( ) O desenvolvimento de projetos comunitários pode desencadear um processo de conscientização, em todos os níveis da organização, quanto à mudança de atuação em prol da qualidade de vida na comunidade e facilitar, aos participantes, a oportunidade de se autoavaliar, transpor obstáculos, propor soluções e mudanças.

( ) Não existem diferenças entre desenvolvimento interpessoal e psicoterapia de grupo.

( ) Os programas de formação de instrutores visam à preparação didática dos profissionais da empresa, que atuarão como facilitadores no processo de ensino-aprendizagem.

Assinale a alternativa que corresponde à sequência correta:
a) V, V, V, V, V.
b) V, F, V, F, V.
c) V, V, V, F, F.
d) V, V, V, F, V.

(**10**)

Liderança na gestão de T&DE

Rosane Santos Ribeiro

Neste capítulo, propomos uma reflexão sobre o papel e as funções do gestor de treinamento, desenvolvimento e educação (T&DE) em face das demandas organizacionais, das necessidades e das expectativas dos indivíduos e das equipes de trabalho. Inicialmente, faremos uma análise das características do sistema organizacional, seguida pela discussão sobre a liderança do gestor de T&DE nesse contexto.

(10.1)
Gestão de T&DE e cultura organizacional

A primeira coisa a ser feita por um gestor de T&DE é compreender o funcionamento e a dinâmica do sistema organizacional em que ele irá atuar. Para isso, é importante saber que, ao analisar uma organização, devem ser levados em consideração os aspectos econômicos, tecnológicos, administrativos, filosóficos, políticos, sociais e culturais.

Nesse sentido, Chiavenato (1993) recomenda sejam abordadas, pelo menos, cinco variáveis da organização: tarefa, estrutura, pessoas, tecnologia e ambiente (Figura 10.1), levando em consideração que essas variáveis estão em constante relação entre si e com o ambiente externo em que a empresa se insere.

Figura 10.1 – As cinco variáveis organizacionais

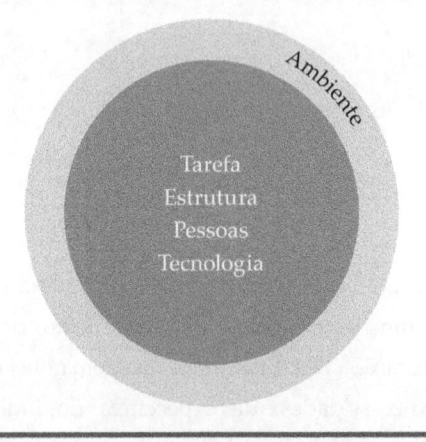

Tarefa
Estrutura
Pessoas
Tecnologia

Ambiente

Fonte: Adaptado de Chiavenato, 1993.

Ver a organização como um todo composto por partes que se relacionam entre si é ter uma visão sistêmica da organização. E, nessa perspectiva, a organização deve ser vista como um sistema aberto, ou seja, que influi e é influenciado pelo ambiente, onde se encontram clientes, governo, fornecedores, concorrentes, sindicatos e outros. Essa abordagem sistêmica nos permite buscar as soluções dos problemas a partir de um olhar para o todo, em vez de uma análise somente das partes, a qual nos levaria a decisões reducionistas, como salientam Martinelli e Ventura (2006).

Nesse sentido, uma questão importante refere-se à necessidade de compreensão sobre a CULTURA ORGANIZACIONAL, que representa os hábitos, as tradições, as crenças e os valores que vão sendo adotados e acumulados ao longo do tempo pelos integrantes da organização, dando a ela um modo próprio de ser (Maximiano, 2002), como representado na Figura 10.2.

Alguns autores distinguem os valores declarados (discurso oficial) dos valores reais, ou seja, existe contradição entre o discurso e as práticas organizacionais e isso é uma realidade.

A TECNOLOGIA diz respeito à forma utilizada para resolução de problemas ou adaptação às situações e à aprendizagem. Ela não se refere somente aos recursos da tecnologia da informação e da comunicação, mas, também, à tecnologia administrativa, que, de acordo com Foguel e Souza (1985, p. 83):

não se constitui sinônimo de um conjunto de "técnicas gerenciais" para resolver problemas: constitui-se, antes de mais nada, na capacidade de pensar gerencialmente, considerando cada situação como uma situação nova que exige determinado tipo de lógica e raciocínio.

Figura 10.2 – Componentes da cultura organizacional

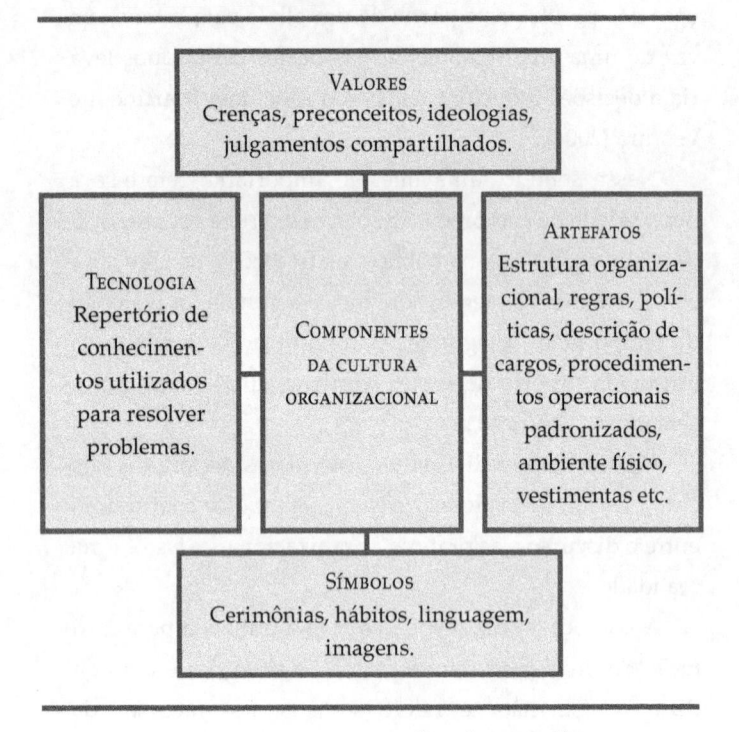

VALORES
Crenças, preconceitos, ideologias, julgamentos compartilhados.

TECNOLOGIA
Repertório de conhecimentos utilizados para resolver problemas.

COMPONENTES DA CULTURA ORGANIZACIONAL

ARTEFATOS
Estrutura organizacional, regras, políticas, descrição de cargos, procedimentos operacionais padronizados, ambiente físico, vestimentas etc.

SÍMBOLOS
Cerimônias, hábitos, linguagem, imagens.

FONTE: ADAPTADO DE MAXIMIANO, 2002, P. 331.

Os ARTEFATOS compreendem a estrutura organizacional, as regras, as políticas, a descrição de cargos, os procedimentos operacionais padronizados, o ambiente físico, a maneira como as pessoas se vestem etc.

Os SÍMBOLOS compreendem as cerimônias, rituais, imagens, hábitos e linguagem. Aqui entram também os heróis, mitos e histórias utilizados para transmitirem mensagens e significados dentro de uma cultura organizacional.

Estudos e pesquisas têm demonstrado que a cultura organizacional está sujeita aos valores, princípios e tradições de determinada sociedade, ou seja, a cultura nacional é fator determinante nas diferenças encontradas em atitudes e valores relacionados ao trabalho. Isso foi apontado pelos resultados da pesquisa realizada por Hofstede, citado por Motta e Caldas (1997), com 160 mil executivos de uma empresa multinacional, em 60 países (ocidentais e orientais). Essa pesquisa apresentou algumas características do ESTILO ADMINISTRATIVO BRASILEIRO, entre elas:

- as organizações brasileiras apresentam uma distância de poder tão grande que lembram o binômio casa grande e senzala;
- a forma como os trabalhadores e executivos são tratados parece, de um lado, basear-se em controles do tipo masculino – o uso da autoridade, e, de outro, em controles do tipo feminino – o uso da sedução;
- o Brasil aparece como uma das nações com maior aversão ao risco;
- os brasileiros não constroem a sua identidade pela organização a que pertencem, mas com base em outros grupos sociais (família, amigos) e categorias profissionais (advogado, empresário, médico etc.).

No âmbito organizacional, para gerenciar os processos educativos, é necessário clareza em relação as causas da resistência das pessoas a novos aprendizados, pois isso se deve ao fato de que, a tendência natural da maioria das organizações está focada na preservação de padrões culturais, que foram construídos no decorrer de anos de história e tradição, do que na mera mudança (Fleury; Fleury, 1995).

Outra questão importante que não podemos deixar de abordar quando pensamos em cultura organizacional, refere-se à DIVERSIDADE da força de trabalho, a qual se caracteriza por semelhanças e diferenças em relação à idade, sexo, habilidades físicas e deficiências, etnia e orientação sexual dos funcionários de uma organização.

A diversidade é um fenômeno em crescimento no Brasil, tendo em vista o ingresso das minorias (mulheres, negros e portadores de necessidades especiais) no mundo do trabalho e a abertura das fronteiras para o mercado internacional, o que resultou em uma multiculturalidade formada por pessoas de diferentes países, culturas e histórias que convivem em uma mesma organização.

A valorização da diversidade traz benefícios tanto para os trabalhadores quanto para a própria organização, pela riqueza de ideias e pela possibilidade dos problemas serem analisados sob diferentes pontos de vista. Veja como a 3M lida com a diversidade: "Valorizar o que é único respeitando diferenças, maximizando os potenciais individuais e criando sinergia entre os talentos coletivos e experiências para o crescimento e sucesso da 3M" (Griffin; Moorhead, 2006).

Lidar com a diversidade não é uma tarefa fácil para as organizações, até porque também implica mudanças culturais, e qualquer mudança relacionada a valores e crenças requer um processo de longo prazo.

Por isso, o gestor de T&DE, além de saber conviver com a diversidade, deve encontrar maneiras de possibilitar o aprendizado de todos sobre como lidar e maximizar os diferentes potenciais dessa nova realidade, ou seja, da multiculturalidade existente nos espaços organizacionais.

Outro aspecto interessante a ser levado em consideração, quando se trata de educação corporativa, refere-se ao CLIMA ORGANIZACIONAL, o qual representa a atmosfera psicológica de cada organização no que diz respeito ao moral e à satisfação das necessidades humanas dos seus integrantes; enquanto a CULTURA ORGANIZACIONAL representa o sistema de crenças e valores, tradições e hábitos.

Luz (1995) define *clima organizacional* como um reflexo do estado de espírito, ou de ânimo das pessoas, predominante em uma organização em um determinado período.

É importante destacar que o clima organizacional é instável e sofre influência de algumas variáveis, tais como a estrutura organizacional, os sistemas de controle, as regras e regulamentos internos e também as relações interpessoais.

Além disso, o clima organizacional também está relacionado com o tipo de liderança, com as condições financeiras, com as políticas e com o ramo de atividade da organização, sofrendo grande influência da cultura.

(10.2)

O gestor de T&DE e o exercício da liderança

Griffin e Moorhead (2006) fazem distinção entre liderança e gestão, afirmando que, embora estejam relacionadas, nem sempre são a mesma coisa, conforme demonstrado no Quadro 10.1.

De um modo geral, os autores atuais da administração[a] descrevem a liderança como um fenômeno grupal,

---

a. Entre esses autores da atualidade, destacamos: Gramigna (2004), Griffin e Moorhead (2006), Kets de Vries (1997), Reis et al. (2005) e Robbins (2005).

ou seja, sempre associada à capacidade de influenciar as pessoas, visando à concretização de determinados objetivos. A liderança, para Kets de Vries (1997), envolve inspirar as pessoas despertando nelas a motivação para realizações e para o trabalho. O autor complementa, dizendo que, embora se denomine como *líder* todos aqueles que exercem uma função gerencial (autoridade formal), nem sempre quer dizer que ele exerça a liderança.

Reis et al. (2005) salientam o fato de que nenhuma equipe nasce pronta; é preciso, dizem os autores, criar e desenvolver as equipes de trabalho. Uma das dificuldades encontradas nesse processo relaciona-se ao fato de que a formação dos profissionais das organizações sempre focalizou e valorizou o desempenho individual.

Reis et al. (2005) também sugerem alguns objetivos para o desenvolvimento de equipes:

- aprimorar a capacidade coletiva de resolução de problemas que afetam o desempenho do grupo;
- tornar o grupo consciente de sua dinâmica e da direção que está seguindo;
- tornar cada indivíduo capaz de entender seu papel, suas contribuições e responsabilidades em relação ao grupo;
- facilitar o conhecimento da missão do grupo: sua finalidade e papel no contexto da dinâmica global da organização e de seu ambiente;
- incrementar a comunicação a respeito dos assuntos que afetam a eficiência do grupo;
- aumentar a capacidade de trabalhar com outros da organização;
- incentivar a equipe a celebrar as realizações, lançamentos de produtos, cumprimento de cotas e outros eventos significativos;

Quadro 10.1 – Distinção entre gestão e liderança

ATIVIDADE	GESTÃO	LIDERANÇA
Elaboração de agendas	PLANEJAMENTO E APLICAÇÃO DE RECURSOS: estabelece passos detalhados e datas para atingir resultados; alocar os recursos necessários para fazer com que esses resultados sejam alcançados.	ESTABELECIMENTO DE DIRETRIZES: objetivo para o futuro (com frequência, para o futuro distante) e desenvolver estratégias para a produção das mudanças necessárias à conquista desses objetivos.
Desenvolvimento de uma rede humana para cumprir a agenda	ORGANIZAÇÃO E ALOCAÇÃO DE FUNCIONÁRIO: montar uma estrutura para executar os planos, designar funcionários para isso, delegar responsabilidades e autoridade, providenciar políticas e procedimentos para ajudar as pessoas e criar métodos ou sistemas para monitorar a implementação dessas políticas e procedimentos.	PARTICIPAÇÃO AOS FUNCIONÁRIOS: comunicar as diretrizes, por escrito e verbalmente, a todos aqueles cuja cooperação é necessária para influenciar a criação de equipes e coligações, a fim de tornar claras as estratégias e de levar os funcionários a aceitar sua validade.
Execução dos planos	CONTROLE E RESOLUÇÃO DE PROBLEMAS: monitorar resultados versus planejar em algum detalhe, identificar desvios, e então planejar e organizar para resolver esses problemas.	MOTIVAÇÃO E ENTUSIASMO: estimular as pessoas a superar os maiores obstáculos políticos, burocráticos e financeiros por meio da satisfação de suas necessidades mais básicas, e normalmente não atendidas.
Resultados	PREVISIBILIDADE E ORDENAMENTO: potencial para a conquista dos principais resultados esperados pelos acionistas (por exemplo, pontualidade para com os clientes, manutenção do orçamento).	PRODUÇÃO DE MUDANÇAS CRUCIAIS: potencial de realizar alterações extremamente úteis (por exemplo, novos produtos desejados por clientes, novas abordagens de relações de trabalho que ajudam a empresa a ser mais competitiva).

FONTE: GRIFFIN; MOORHEAD, 2006, p. 227.

- avaliar a eficácia da equipe, em conjunto com o grupo, pelo menos uma vez por ano.

Para resumir este capítulo, nada melhor do que as ideias de Donnellon (2006), em uma síntese do seu pensamento sobre "liderança". Para o autor, todo líder de equipe deve atuar em três dimensões: gerenciar, liderar e conhecer o assunto. Gerenciar não é o mesmo que liderar, pois implica coordenar, medir e incentivar os esforços da equipe, enquanto liderar se refere à orientação das pessoas: ouvir, observar e influenciar os membros e a dinâmica da equipe. Implica fazer os membros se sentirem valorizados.

(.)

Ponto final

Neste capítulo, propomos uma reflexão sobre o papel e funções do gestor de T&DE em face das demandas organizacionais e às necessidades e expectativas dos indivíduos e das equipes de trabalho.

Para isso, realizamos uma análise das características do sistema organizacional, seguida pela discussão sobre as principais características de um líder nesse contexto. Fizemos isso por entendermos que, para uma atuação eficaz, o gestor de T&DE deve desenvolver competências de liderança e compreender o funcionamento e a dinâmica do sistema organizacional, levando em consideração os aspectos econômicos, tecnológicos, administrativos, filosóficos, políticos, sociais e culturais.

Indicação cultural

GRIFFIN, R. W.; MOORHEAD, G. *Fundamentos do comportamento organizacional*. São Paulo: Ática, 2006.

Atividade

1. Avalie se as afirmativas a seguir são verdadeiras (V) ou falsas (F):
   ( ) Gerenciar é o mesmo que liderar.
   ( ) Todo líder deve estar atento à cultura organizacional, pois ela representa a atmosfera psicológica das organizações.
   ( ) Não há necessidade de o líder possuir conhecimento sobre a cultura organizacional.
   ( ) O gestor de T&DE deve entender das questões relacionadas ao treinamento e desenvolvimento, não importando muito para a sua função a compreensão dos aspectos econômicos, tecnológicos, administrativos, filosóficos, políticos e sociais e culturais da organização.
   ( ) A liderança é um fenômeno grupal e está associada à capacidade de influenciar as pessoas.

   Assinale a alternativa que corresponde à sequência correta:
   a) F, F, F, F, V.
   b) F, F, F, V, F.
   c) F, V, F, F, F.
   d) F, F, F, F, F.

Referências

ABBAD, G. da S. et al. Planejamento instrucional em T&DE. In: BORGES-ANDRADE, J. E.; ABBAD, G. da S.; MOURÃO, L. (Org.). *Treinamento, desenvolvimento e educação em organizações e trabalho*. Porto Alegre: Artmed, 2006. p. 289-321.

ABNT – Associação Brasileira de Normas Técnicas. Comissão de estudo de diretrizes para treinamento. *NBR ISO 9004*: sistemas de gestão da qualidade: diretrizes para melhoria de desempenho. Rio de Janeiro: 2000.

_____. *NBR ISO 10015*: gestão da qualidade: diretrizes para treinamento. Rio de Janeiro, 2001.

BEHMER, S. I. O processo de treinamento. In: BOOG, G. G.; BOOG, M. T. (Coord.). *Manual de gestão de pessoas e equipes*. São Paulo: Gente, 2002. p. 121-133. v. 2.

BITENCOURT, C. *Gestão contemporânea de pessoas*: novas práticas, conceitos tradicionais. Porto Alegre: Bookman, 2004.

BLOCK, P. *Consultoria*: o desafio da liberdade. São Paulo: Makron Books, 1991.

BOMFIN, D. *Pedagogia no treinamento*: correntes pedagógicas no treinamento empresarial. Rio de Janeiro: Qualitymark, 1995.

BOOG, G. G. (Coord.). *Manual de treinamento e desenvolvimento ABTD*. São Paulo: Makron Books, 1994.

BOOG, G. G.; BOOG, M. T. (Coord.). *Manual de treinamento e desenvolvimento*: gestão e estratégias. São Paulo: Pearson Education do Brasil, 2006a.

BOOG, G. G.; BOOG, M. T. (Coord.). *Manual de treinamento e desenvolvimento*: processos e operações. São Paulo: Pearson Education do Brasil, 2006b.

_____. *Manual de treinamento e desenvolvimento*: um guia de operações. São Paulo: Pearson Education do Brasil, 2001.

BORDENAVE, J. D.; PEREIRA, A. M. *Estratégias de ensino-aprendizagem*. 26. ed. Petrópolis: Vozes, 2005.

BORGES-ANDRADE, J. E.; ABBAD, G. da S.; MOURÃO, L. (Org.). *Treinamento, desenvolvimento e educação em organizações e trabalho*: fundamentos para a gestão de pessoas. Porto Alegre: Artmed, 2006.

BUKOWITZ, W. R.; WILLIAMS, R. L. *Manual de gestão do conhecimento*: ferramentas e técnicas que criam valor para a empresa. Porto Alegre: Bookman, 2002.

CARBONE, P. P. et al. *Gestão por competências e gestão do conhecimento*. 2. ed. Rio de Janeiro: FGV, 2006.

CASTILHOS, A. *A dinâmica do trabalho de grupo*. Rio de Janeiro: Qualitymark, 1994.

CHIAVENATO, I. *Gestão de pessoas*: o novo papel dos recursos humanos nas organizações. Rio de Janeiro: Elsevier, 2004.

_____. *Teoria geral da administração*. São Paulo: McGraw Hill, 1993.

_____. Trabalhar em grupo e trabalhar em equipe. Qual a diferença? *Revista Decidir*, Rio de Janeiro, n. 25, p. 23-25, ago. 1996.

CUNHA, A. M.; OZORES, E. P. Treinamento e a comunidade. In: BOOG, G. G. (Coord.). *Manual de treinamento e desenvolvimento ABTD*. São Paulo: Makron Books, 1994. p. 537-566.

DINSMORE, P. C. *TEAL*: uma revolução em educação empresarial. Rio de Janeiro: Senac, 2004.

DONADÃO, D. Desenvolvimento gerencial. In: BOOG, G. G.; BOOG, M. T. (Coord.). *Manual de treinamento e desenvolvimento*: processos e operações. São Paulo: Pearson Education do Brasil, 2006. p. 106-115.

DONNELLON, A. *Liderança de equipes*: escolha sua equipes, comunique as metas, crie um clima de confiança. Rio de Janeiro: Elsevier, 2006.

EBOLI, M. A mudança de foco em T&D. *Revista T&D*, São Paulo, v. 8, n. 90, p. 22-24, maio 2000.

_____. *Educação corporativa*: panorama e perspectivas. In: BOOG, G. G.; BOOG, M. T. (Coord.). *Manual de treinamento e desenvolvimento*: gestão e estratégias. São Paulo: Pearson Education do Brasil, 2006. p. 57-68.

_____. *Educação corporativa no Brasil*: mitos e verdades. São Paulo: Gente, 2004.

FELIPPE, M. I. Identificação das necessidades de treinamento por competência. In: BOOG, G. G.; BOOG, M. T. (Coord.). *Manual de treinamento e desenvolvimento*: processos e operações. São Paulo: Pearson Education do Brasil, 2006.

FLEURY, A.; FLEURY, M. T. L. *Aprendizagem e inovação organizacional*: as experiências de Japão, Coreia e Brasil. São Paulo: Atlas, 1995.

FOGUEL, S.; SOUZA, C. C. *Desenvolvimento e deterioração organizacional*. 2. ed. São Paulo: Atlas, 1985.

GADOTTI, M. *Perspectivas atuais da educação*. Porto Alegre: Artmed, 2000.

GIL, A. C. *Gestão de pessoas*: enfoque nos papéis profissionais. São Paulo: Atlas, 2001.

GRACEFFI, V. Planejamento e execução do T&D. In: BOOG, G. G.; BOOG, M. T. (Coord.). *Manual de treinamento e desenvolvimento*: processos e operações. São Paulo: Pearson Education do Brasil, 2006. p. 24-39.

GRAMIGNA, M. R. *Jogos de empresa*. São Paulo: Makron Books, 1993.

_____. *Jogos de empresa e técnicas vivenciais*. São Paulo: Makron Books, 1995.

_____. *Líderes inovadores*: ferramentas de criatividade que fazem a diferença. São Paulo: Makron Books, 2004.

GRIFFIN, R. W.; MOORHEAD, G. *Fundamentos do comportamento organizacional*. São Paulo: Ática, 2006.

GUBMAN, E. *Talento*: desenvolvendo pessoas e estratégias para obter resultados extraordinários. Rio de Janeiro: Campus, 1999.

GUIMARÃES, T. de A.; BRUNO-FARIA, M. de F.; BRANDÃO, H. P. Aspectos metodológicos do diagnóstico de competências em organizações. In: BORGES-ANDRADE, J. E.; ABBAD, G. da S.; MOURÃO, L. (Org.). *Treinamento, desenvolvimento e educação em organizações e trabalho*: fundamentos para a gestão de pessoas. Porto Alegre: Artmed, 2006. p. 216-230.

HAMBLIN, A. C. *Avaliação e controle do treinamento*. São Paulo: McGraw-Hill do Brasil, 1978.

ISHIKAWA, K. *Controle de Qualidade Total*: à maneira japonesa. São Paulo: Campus, 1993.

KANAANE, R.; ORTIGOSO, S. A. *Manual de treinamento e desenvolvimento do potencial humano*. São Paulo: Atlas, 2001.

KETS DE VRIES, M. F. R. *Liderança na empresa*: como o comportamento dos líderes afeta a cultura interna. São Paulo: Atlas, 1997.

KILIMNIK, Z. M.; SANT'ANNA, A. S. Modernidade organizacional, políticas de gestão de pessoas e competências profissionais. In: BORGES-ANDRADE, J. E; ABBAD, G. da S.; MOURÃO, L. (Org.). *Treinamento, desenvolvimento e educação em organizações e trabalho*: fundamentos para a gestão de pessoas. Porto Alegre: Artmed, 2006. p. 65-84.

KIRKPATRICK, D. L.; KIRKPATRICK, J. D. *Transformando conhecimento em comportamento*: use o modelo dos 4 níveis para melhorar seu desempenho. São Paulo: Futura, 2006.

KNOWLES, M. S. *The adult learner*: a Neglected Species. Houston, Tx: Gulf Publishing Company, 1973.

KROHNERT, G. *Instruções básicas para treinamento em empresas*. São Paulo: Manole, 2001.

LACOMBE, F. J. M. *Recursos humanos*: princípios e tendências. São Paulo: Saraiva, 2005.

LAKATOS, E. M.; MARCONI, M. de A. *Metodologia científica*: ciência e conhecimento científico. Métodos científicos. Teoria, hipóteses e variáveis. Metodologia jurídica. 5. ed. São Paulo: Atlas, 2007.

LEAL, R. F. R. Estagiários e aprendizes. In: BOOG, G. G.; BOOG, M. T. (Coord.). *Manual de treinamento e desenvolvimento*: processos e operações. São Paulo: Pearson Education do Brasil, 2006. p. 166-176.

LEE, R. P. A prática internacional do processo de treinamento: Norma ISO 10015 – gestão da qualidade – diretrizes para treinamento. In: BOOG, G. G.; BOOG, M. T. (Coord.). *Manual de treinamento e desenvolvimento*: processos e operações. São Paulo: Pearson Education do Brasil, 2006. p. 63-76.

LUZ, R. S. *Clima organizacional*. Rio de Janeiro: Qualitymark, 1995.

MACIAN, L. M. *Treinamento e desenvolvimento de recursos humanos*. São Paulo: EPU, 1987.

MARCONDES, R. C. Desenvolvendo pessoas: do treinamento e desenvolvimento à universidade corporativa. In: HANASHIRO, D. M. M. et al. (Org.). *Gestão do fator humano*: uma visão baseada em *stakeholders*. São Paulo: Saraiva, 2007. p. 257-285.

MARIOTTI, H. *Organizações de aprendizagem*: educação continuada e a empresa do futuro. São Paulo: Atlas, 1996.

MARTINELLI, D. P.; VENTURA, C. P. A. (Org.). *Visão sistêmica e administração*. São Paulo: Saraiva, 2006.

MATSUMOTO, W. K. Gestão de qualidade e processos de certificação: a contribuição do T&D. In: BOOG, G. G.; BOOG, M. T. (Coord.). *Manual de treinamento e desenvolvimento*: gestão e estratégias. Pearson Education do Brasil, 2006. p. 240-252.

MATTOS, R. *Desenvolvimento de recursos humanos e mudança organizacional*. Rio de Janeiro: LTC, 1985.

MAXIMIANO, A. C. A. *Teoria geral da administração*: da revolução urbana à revolução digital. 5. ed. São Paulo: Atlas, 2002.

MEISTER, J. C. *Educação corporativa*. São Paulo: Makron Books, 2000.

MILIONI, B. A. *Gestão de treinamento por resultados*. São Paulo: ABTD, 2004.

_____. *Indicadores da gestão de treinamento e desenvolvimento*. São Paulo: ABTD, 2005.

_____. Integrando o levantamento de necessidades com a avaliação e validação do treinamento. In: BOOG, G. G.; BOOG, M. T. (Coord.). *Manual de treinamento e desenvolvimento*: um guia de operações. São Paulo: Pearson Education do Brasil, 2001. p. 9-27.

MIZUKAMI, M. da G. N. *Ensino*: as abordagens do processo. São Paulo: EPU, 1986.

MOREIRA, M. A. *Ensino e aprendizagem*: enfoques teóricos. São Paulo: Moraes, 1985.

MORGAN, G. *Imagens da organização*. São Paulo: Atlas, 1996.

MOSCOVICI, F. *Equipes dão certo*: a multiplicação do talento humano. 2. ed. Rio de Janeiro: J. Olympio, 1995.

MOTTA, F. C.; CALDAS, M. *Cultura organizacional e cultura brasileira*. São Paulo: Atlas, 1997.

NAJJAR, E. R. Universidade corporativa. In: BOOG, G. G. *Manual de treinamento e desenvolvimento*. São Paulo: Makron Books, 2001. p. 167-183.

NAKAYAMA, M. K. Os desafios da administração de recursos humanos. *Revista Análise*, Jundiaí, SP, v. 9, n. 2, dez. 1998.

NONAKA, I.; TAKEUCHI, H. *Criação de conhecimento na empresa*: como as empresas japonesas geram a dinâmica da inovação. Rio de Janeiro: Campus, 1997.

PALMEIRA, C. G. Avaliação de resultados: retorno do investimento. In: BOOG, G. G.; BOOG, M. T. (Coord.). *Manual de treinamento e desenvolvimento*: processos e operações. São Paulo: Pearson Education do Brasil, 2006. p. 40-50.

PARKER, G. M. *Team players & team work*: a equipe e seus integrantes. São Paulo: Pioneira, 1994.

PILATI, R. História e importância do T&DE. In: BORGES-ANDRADE, J. E.; ABBAD, G. da S.; MOURÃO, L. (Org.). *Treinamento, desenvolvimento e educação em organizações e trabalho*. Porto Alegre: Artmed, 2006. p. 159-175.

POMI, R. M.; NAVARRO, R. da C. Indicadores em educação e aprendizagem. In: BOOG, G. G.; BOOG, M. T. (Coord.). *Manual de treinamento e desenvolvimento*: processos e operações. São Paulo: Pearson Education do Brasil, 2006. p. 51-62.

REIS, A. M. V. et al. *Desenvolvimento de equipes*. Rio de Janeiro: FGV, 2005. (Gestão de Pessoas).

RIBEIRO, R. S. *O curso GQT e a implantação da qualidade total na administração pública indireta do RGS*: o caso PROSAC. 1998. 189 f. Dissertação (Mestrado em Administração) – Escola de Administração, Universidade Federal do Rio Grande do Sul, Porto Alegre, 1998.

RITTNER, C. L. A. Estagiários e trainees. In: BOOG, G. G. (Coord.). *Manual de treinamento e desenvolvimento ABTD*. São Paulo: Makron Books, 1994. p. 353-377.

ROBBINS, S. P. *Comportamento organizacional*. São Paulo: Pearson, 2005.

ROESCH, S. M. A.; ANTUNES, E. D. D. *Gestão da qualidade total*. Porto Alegre: UFRGS, 1994. (Documentos para Estudo).

ROGERS, C. R. *Liberdade para aprender*. Belo Horizonte: Interlivros, 1972.

ROGERS, C. R.; ROSENBERG, R. L. *A pessoa como centro*. São Paulo: EPU, 1977.

ROMERO, S. M. T. *Instrutores e multiplicadores de qualidade*: orientação didático-pedagógica para instrutores e multiplicadores nas organizações. Porto Alegre, 1998.

SALOMÃO, M. A. Desenvolvimento de equipes. In: BOOG, G. G. (Coord.). *Manual de treinamento e desenvolvimento ABTD*. São Paulo: Makron Books, 1994. p. 413-438.

SANT'ANNA, A. de S.; MORAES, L. F. R. de; KILIMNIK, Z. M. Competências individuais, modernidade organizacional e satisfação no trabalho: um estudo de diagnóstico comparativo. *RAE – Eletrônica*, São Paulo, v. 4, n. 1, jan./jul. 2005. Disponível em: <http://www.scielo.br/pdf/raeel/v4n1/v4n1a01.pdf>. Acesso em: 5 set. 2008.

SCHAAN, M. H. *Avaliação sistemática de treinamento*: guia prático. São Paulo: LTr, 2001.

SEIFFERT, P. Q. *Gestão humana para o século XXI*: um ensaio na Embraer S.A. Rio de Janeiro: Qualitymark, 2005.

SENGE, P. M. *A quinta disciplina*: arte, teoria e prática da organização de aprendizagem. São Paulo: Best Seller, 1999.

SERAFIM FILHO, P. A gestão do conhecimento e a motivação nas organizações. *Revista Decidir*, Rio de Janeiro, jan. 1999. Disponível em: <http://www.perspectivas.com.br/g8.htm>. Acesso em: 5 set. 2008.

SOELTI, F. A. E-learning. In: BOOG, G. G.; BOOG, M. T. (Coord.). *Manual de treinamento e desenvolvimento*: processos e operações. São Paulo: Pearson Education do Brasil, 2006. p. 304-317.

SOUZA, C. Competências para o novo milênio. *Revista T&D*, São Paulo, v. 8, n. 88, p. 18, fev. 2000.

SOUZA, E. S. Tipos de programas de T&D. In: BOOG, G. G.; BOOG, M. T. (Coord.). *Manual de treinamento e desenvolvimento*: processos e operações. São Paulo: Pearson Education do Brasil, 2006. p. 89-93.

TEIXEIRA, A. *Universidade corporativa × educação corporativa*: o desenvolvimento do aprendizado contínuo. Rio de Janeiro: Qualitymark, 2001.

TERRA, J. C. C. *Gestão do conhecimento e e-learning na prática*. Rio de Janeiro: Elsevier, 2003.

_____. *Gestão do conhecimento*: o grande desafio empresarial. Rio de Janeiro: Elsevier, 2005.

VALIUKENAS, C. Treinamento técnico. In: BOOG, G. G.; BOOG, M. T. (Coord.). *Manual de treinamento e desenvolvimento*: processos e operações. São Paulo: Pearson Education do Brasil, 2006. p. 127-137.

VARGAS, M. R. M.; ABBAD, G. da S. Bases conceituais em treinamento, desenvolvimento e educação. In: BORGES-ANDRADE, J. E.; ABBAD, G. da S.; MOURÃO, L. (Org.). *Treinamento, desenvolvimento e educação em organizações e trabalho*. Porto Alegre: Artmed, 2006. p. 137-158.

ZAKIR, Z. A. N. O novo funcionário. In: BOOG, G. G. (Coord.). *Manual de treinamento e desenvolvimento ABTD*. São Paulo: Makron Books, 1994. p. 343-352.

Anexo[a]

Exemplo de programa de T&DE

Programa de Modernização do Sistema de Transporte

JUSTIFICATIVA: este programa se fundamenta nos dados extraídos do levantamento de necessidades efetuado a partir de pesquisas internas e externas, que nos ofereceram os seguintes indicadores:

---

a. Os exemplos apresentados neste anexo foram adaptados de: MACIAN, L. M. *Treinamento e desenvolvimento de recursos humanos.* São Paulo: EPU, 1987.

- a procura de nossos transportes vem superando nossa capacidade de atendimento e a empresa já colocou, entre suas diretrizes, a proposta de ampliação de suas atividades;
- o mercado de trabalho não está oferecendo profissionais capacitados para desempenharem as atividades definidas pela empresa, especialmente motoristas;
- a gerência da oficina mecânica tem solicitado pessoal melhor qualificado.

Procurando criar um sistema preventivo, este setor estruturou uma programação, que ora submete à aprovação da Diretoria.

OBJETIVOS:

- atender às necessidades qualitativas e quantitativas do usuário;
- oferecer um esquema de apoio à proposta de ampliação dos serviços de transporte.

PLANOS COMPONENTES:

a. o motorista eficaz e a imagem da empresa;
b. treinamento operacional de mecânicos;
c. higiene e segurança nas oficinas;
d. desenvolvimento de liderança de equipes;
e. integração de novos funcionários.

Período de execução: de janeiro a dezembro de 2008.
Responsável pelo planejamento: indicar o nome do responsável.
Coordenador geral: indicar o nome do técnico responsável.
Facilitadores: nomes e qualificação.
Previsão de despesas: indicar cada item separadamente e também o total geral.

Despesas com pessoas: R$ ....
Despesas com material: R$ ....
Despesas com serviços: R$ ....
Despesas com encargos gerais: R$ ....
Total: R$ ....

Exemplo de plano de T&DE

Programa de Modernização do Sistema de Transporte

PLANO: O motorista eficaz e a imagem da empresa.

OBJETIVO GERAL: os motoristas devem garantir um atendimento eficaz e a manutenção de uma imagem positiva da empresa junto aos clientes.

CONTEÚDO PROGRAMÁTICO

Módulo I:
- fatores intervenientes no comportamento das pessoas;
- os diferentes papéis de cada indivíduo;
- a aparência pessoal do profissional em serviço;
- o empregado e sua empresa.

Módulo II:
- conhecimento básico do veículo;
- características dos roteiros a percorrer;
- preenchimento de formulários;
- direção defensiva.

POPULAÇÃO-ALVO: 30 motoristas recém-contratados, com formação escolar em nível fundamental, com pequena experiência de trabalho em empresas de menor porte.
Entidade executora: Detran.
Local: dependências da empresa.
Período de realização: de 5 a 10 de maio.

Horário de realização: das 8h às 11:30h.

Equipe de apoio: digitadores, desenhistas, auxiliares de oficina.

Métodos e técnicas: aulas expositivas-dialogadas, dramatização, simulação, aulas práticas.

Recursos: cartazes, projetor multimídia, retroprojetor, Manual de Trânsito.

Sistema de acompanhamento: observação durante o processo.

Avaliação:

- de reação: formulário padrão;
- de aprendizagem: provas escritas e práticas;
- de resultados: pesquisa junto ao usuário.

Previsão de despesas: indicar cada item separadamente e também o total geral.

Despesas com pessoas: R$ ....
Despesas com material: R$ ....
Despesas com serviços: R$ ....
Despesas com encargos gerais: R$ ....
Total: R$ ....

Gabarito

Capítulo 1
1. a

Capítulo 2
1. b

Capítulo 3
1. c

Capítulo 4
1. d

Capítulo 5
1. c

Capítulo 6
1. a

Capítulo 7
1. c

Capítulo 8
1. b

Capítulo 9
1. d

Capítulo 10
1. a

Os papéis utilizados neste livro, certificados por instituições ambientais competentes, são recicláveis, provenientes de fontes renováveis e, portanto, um meio responsável e natural de informação e conhecimento.

FSC
www.fsc.org
MISTO
Papel produzido a partir de fontes responsáveis
FSC® C103535

Impressão: Reproset
Novembro/2021